Lisez ce que les autres ne peuvent pas lire :
Maîtrisez vos compétences sociales et de communication

Lire ce que les autres ne peuvent pas lire

Maîtrisez vos compétences sociales et de communication

IJ Nayak

Inde
2023

CONTENU

Chapitre 1 : Résumé

Chapitre 2 : Introduction

Première partie : Poser les bases

Chapitre 3 : Pourquoi lire les gens est si difficile aujourd'hui

Chapitre 4 : Manquez-vous une vue d'ensemble ?

Chapitre 5 : Avant d'aller de l'avant, éliminez les obstacles et les préjugés

Chapitre 6 : Comprendre les différents styles de communication

Chapitre 7 : Comprendre la culture

Deuxième partie : Psychologie des personnes qui lisent

Chapitre 8 : Trouver ce qui motive les autres

Chapitre 9 : Comprendre les gens

Chapitre 10 : Récupérer l'art d'écouter

Chapitre 11 : Comprendre correctement le langage corporel

Troisième partie : ce que vous devriez apporter à la table

Chapitre 12 : Connaissez-vous avant de comprendre les autres

Chapitre 13 : Comprendre l'intuition du succès

Chapitre 14 - "Soyez fidèle à vous-même"

Chapitre 15 : Déterminez votre motivation

Chapitre 16 : Développer le désir conversationnel

Chapitre 17 : L'intelligence émotionnelle pour réussir

Chapitre 18 : Établir l'environnement idéal pour votre partenaire

Quatrième partie : Apprenez à accéder à l'esprit des gens

Chapitre 19 : Délibérer sur les comportements de base et reconnaître les différences

Chapitre 20 : Formuler des questions appropriées

Chapitre 21 : Voie accélérée vers la maîtrise de la détection des mensonges

Chapitre 22 : Maîtrisez l'art du tranchage fin avec précision

Chapitre 23 : Lire entre les lignes

Chapitre 24 : Analyse des modèles de parole

Chapitre 25 : Apportez toujours de l'énergie positive avec vous

Chapitre 26 : Transition des personnes lisant à l'ère numérique

Chapitre 27 : Votre plan d'action pour l'avenir

Conclusion

Ce serait merveilleux si les humains pouvaient comprendre ce qui se passe à l'intérieur de notre cerveau – l'un des organes les plus complexes jamais conçus – où prennent forme de grandes idées et innovations. Ne serait-il pas merveilleux si même les scientifiques et la technologie pouvaient percer ses mystères – un composant intégral qui n'a pas d'équivalent dans les machines d'aujourd'hui ?

Alors, que se passe-t-il dans notre cerveau ?

On pourrait affirmer que savoir ce que pensent réellement les gens contribuerait à améliorer les communications et à nous protéger des dangers potentiels. Lire les gens peut sembler impossible, mais peut s'avérer crucial pour éliminer les doutes ou les jugements incorrects dans les situations quotidiennes avec des collègues, des inconnus et des proches.

Que faut-il pour interpréter avec précision les gens ? Idéalement, des diplômes sophistiqués fourniraient une connaissance suffisante de son fonctionnement interne ; sinon, cela peut dépendre de pouvoirs intuitifs hérités des parents ou de secrets cachés qu'il faut découvrir - je crois que tous les facteurs jouent un rôle.

Même avec tous les livres jamais écrits sur les fonctions cérébrales, il reste impossible de lire les gens avec précision. Les bons gènes ou les secrets révélés via la recherche Google n'aideront pas non plus ; Pour vraiment comprendre le fonctionnement interne d'une personne, il faut de la science : comprendre pourquoi les gens pensent ce qu'ils font et réagissent comme ils le font est la clé pour comprendre un autre individu.

Décrypter des secrets soigneusement gardés nécessite la connaissance, l'observation et la compréhension des événements ainsi que de puissants pouvoirs intuitifs pour parvenir à des conclusions précises. Mais le plus important est de trouver la bonne direction et de commencer le voyage !

Et ce livre résume cet objectif. Il décompose la science en éléments gérables pour donner aux lecteurs toutes les informations nécessaires pour lire dans les pensées d'une manière simple et intéressante. Au fil de toutes mes années d'enseignement aux gens sur des techniques de communication efficaces, j'en suis venu à reconnaître que les informations qui ne profitent pas directement à l'objectif d'une personne peuvent rapidement devenir inutiles - tout en sachant ce qui arrive au côté gauche de votre cerveau lorsque vous dessinez un oiseau avec la main droite. peut être fascinant, cela devient inutile si l'on ne prévoit pas de dessiner avec à l'avenir.

Par conséquent, j'ai soigneusement sélectionné des informations scientifiques spécialement adaptées à votre objectif de lire dans les pensées des autres. J'ai évité la terminologie complexe et m'en suis tenu à l'essentiel : des résultats simples accompagnés d'explications claires.

Mais ce n'est qu'un aspect de la lecture dans les pensées ; il y a tellement plus. Il y a les secrets, les auto-évaluations, les signes subtils et les astuces de communication que l'on peut utiliser pour devenir un auditeur plus attentif. J'utilise l'analogie du soleil levant pour enseigner aux étudiants la maîtrise de n'importe quel métier.

Je demande à mes élèves à quelle heure le soleil se lève chaque matin. Ceux qui se lèvent tôt ont une idée du moment où le soleil se lève, comparés à ceux qui dorment tard ; personne ne peut donner une minute exacte car personne n'a été suffisamment motivé ou suffisamment observateur pour savoir exactement quand. Alors, je leur donne un exercice – quelque chose que je vous encourage à faire aussi vous-même maintenant.

Imaginez-vous assis sur votre balcon chaque matin avant le lever du soleil et lisant un journal tout en sirotant un café : serait-il facile pour vous de savoir exactement quand le soleil se lève ? Votre réponse pourrait être plus précise, car être là quand cela s'est produit donne une bonne compréhension de sa « fenêtre temporelle ».

Imaginez-vous assis sur un balcon orienté à l'est, regardant l'endroit exact où le soleil se lève, regardant sa chaleur teinter le ciel de teintes dorées à l'horizon, puis vérifiant immédiatement votre montre ; votre précision serait inégalée ce jour-là parce que vous saviez d'où elle vient et que vous étiez concentré sur votre tâche à accomplir ; votre intuition entrerait également en jeu, permettant des estimations précises même sans observation directe - vous sauriez exactement quand le soleil se lèverait malgré le changement constant des fuseaux horaires !

Maintenant, si je devais demander à une classe d'élèves à quelle heure le soleil se lève, ceux qui se sont réellement engagés à le découvrir fourniraient la réponse la plus précise. C'est exactement ainsi que fonctionne la lecture dans les pensées ; cela nécessite des connaissances, de l'observation et une appréciation du fait que chaque individu pense différemment, de sorte qu'il n'y a pas de solution « universelle » qui s'applique.

Comprendre tous les facteurs impliqués lors de l'observation de quelqu'un nécessite des connaissances et un engagement. Vous avez besoin d'une stratégie solide pour vous orienter dans la bonne direction – c'est là qu'intervient ce livre – je vous fournis tout ce dont vous avez besoin pour devenir un lecteur adepte.

Ce livre réfute les mythes et les informations peu fiables disponibles en ligne sur les lecteurs. Par exemple, avoir les bras croisés peut signaler une attitude défensive ; mais dans une chambre froide ou assis sur une chaise sans accoudoirs, ce comportement pourrait simplement être dû à des influences environnementales plutôt qu'à des traits de personnalité.

Croire ou lire des « faits » aléatoires et non fondés est à la fois inutile et nuisible ; mal lire les gens est pire que ne pas les connaître du tout ! La lecture dans les pensées n'implique pas d'espionnage ou d'intrusion - cela implique plutôt de comprendre ce que quelqu'un veut vraiment dire lorsqu'il nous parle ou nous communique ; comprendre leurs pensées nous permet de prendre conscience de leurs émotions lorsque nous répondons.

Le fait est que seulement 7 % de la communication se fait verbalement – le reste se fait de manière non verbale. La lecture dans les pensées implique de comprendre ce que vit quelqu'un d'autre en connaissant ses véritables intentions derrière ce qu'il dit par rapport à ce qui n'a pas été dit - quelque chose que ce livre très informatif et bien documenté offre plus qu'une simple approche théorique de la lecture dans les pensées.

Ce livre offre des connaissances et une compréhension ciblées, des anecdotes tirées de mes propres expériences et apprentissages, ainsi qu'une approche globale et complète qui ne néglige aucun effort lorsqu'il s'agit de comprendre le monde du non-dit. Nous examinerons également différents types de personnalité, motivations et objectifs afin que vous puissiez comprendre exactement comment certaines personnes pensent, pourquoi elles communiquent comme elles le font et comment vous pouvez atteindre vos objectifs personnels à travers leurs messages - alors commençons maintenant.

Qu'est-ce que la lecture mentale ? À première vue, la lecture des pensées peut apparaître comme une forme de sorcellerie ou de pratique contraire à l'éthique visant à fouiller dans les pensées privées des gens et à leur faire des ravages ; savoir que quelqu'un pourrait lire dans vos pensées serait probablement alarmant, quel que soit l'état de votre relation avec cette personne ; savoir qu'ils avaient un tel pouvoir pourrait nous faire fuir terrorisé - il ne pourrait jamais y avoir de plus grand super pouvoir que de savoir tout ce qui se passe dans notre cerveau ! Mais en réalité, il s'agit davantage de compréhension que d'invasion.

La lecture dans les pensées consiste à créer de la confiance lorsque l'on parle à quelqu'un, en sachant que son message ne sera pas déformé ou mal compris. La lecture des pensées nous permet de comprendre les mots non-dits et de renforcer la communication entre les parties impliquées - une compétence inestimable qui vous permettra d'établir des liens plus solides tant sur le plan professionnel que personnel.

Nos personnes préférées sont généralement celles qui nous écoutent attentivement et nous comprennent ; des gens comme le pédiatre ou le dentiste qui savaient quand notre « je vais bien » ne sonnait pas tout à fait juste ; des inconnus dans les bus qui comprenaient quand nous changions de poids, abandonnant des sièges lorsque cela était nécessaire.

Ces personnes écoutent, observent et comprennent nos besoins et nos émotions avec compassion et compréhension ; ils ne sont pas intrusifs mais fournissent au contraire un soutien inestimable. Leurs pouvoirs incluent le fait de savoir exactement ce qui doit être fait ainsi que d'avoir les compétences nécessaires pour construire des relations à long terme grâce à cette capacité presque surhumaine - exactement le type de personnes auxquelles nous souhaitons secrètement ressembler davantage - non pas nés avec cette capacité mais ayant fait une décision consciente d'être plus conscient des autres autour d'eux.

Les lecteurs d'esprit savaient à quel point une communication efficace était importante ; ils ont compris qu'un dialogue efficace exigeait une écoute approfondie et une compréhension approfondie de ce qui était dit au-delà des mots. Ils ont accordé la même attention au silence, au ton, à la motivation, aux intentions des locuteurs et ont été conscients de leur environnement et des personnes tout en regardant au-delà des préjugés, des jugements et des limites pour évaluer les conversations afin d'en déduire des vérités cachées - en retour, gagnant la confiance, comprenant le respect comme ainsi que de prendre de meilleurs jugements et de meilleures décisions, tant sur le plan professionnel que personnel.

Lire dans les pensées, c'est comme demander à quelqu'un de traduire une langue étrangère pour vous. Ils pouvaient le faire littéralement ou expliquer leur motivation derrière certains mots à consonance étrangère prononcés.

Les gens qui lisent ne sont pas simplement un autre métier ou une astuce utilisée pour envahir la vie privée de quelqu'un ; c'est plutôt un art qui respecte les émotions et les pensées d'un individu.

Apprendre à lire les gens est l'un des meilleurs moyens de garantir que les conversations se déroulent sans problème et se déroulent dans leur intégralité. Les compétences de lecture dans les pensées élimineront toute conjecture pendant les conversations et la remplaceront par des éléments de compréhension, de compassion et d'établissement de relations. Les capacités de lecture dans les pensées peuvent considérablement modifier les interactions lors d'événements de réseautage, de réunions de travail ou lorsque vous rencontrez quelqu'un que vous trouvez très attirant ; les capacités de lecture dans les pensées pourraient avoir un effet incroyable sur les résultats des interactions entre deux individus.

La lecture dans les pensées est un art qui nécessite une connaissance approfondie du fonctionnement du cerveau humain, d'être présent mentalement, d'éviter les jugements et de faire des observations - mais le plus important, cela implique de créer la combinaison idéale de toutes ces exigences pour comprendre les pensées de quelqu'un d'autre, peu importe qui il est. sont, leur personnalité ou votre statut relationnel avec eux.

La lecture dans les pensées est un sujet approfondi, nous aborderons donc chaque facette individuellement avant de proposer des stratégies sur la façon d'appliquer ces informations pour créer l'environnement parfait pour la lecture dans les pensées !

La première partie couvre tout ce dont vous aurez besoin pour vous lancer dans ce voyage de compréhension des gens et de communication. Il décrit ce à quoi on peut s'attendre en essayant de lire les gens et les erreurs ou obstacles que nous pouvons rencontrer en essayant d'interpréter ce que quelqu'un d'autre communique ; en outre, il aborde certains des défis auxquels nous sommes confrontés aujourd'hui dans un domaine des communications en constante évolution.

La deuxième partie explore tout ce qui concerne notre esprit. Il décrit le fonctionnement de notre cerveau et identifie les différences individuelles comme étant génétiques. De plus, cette partie vous aidera à mieux comprendre pourquoi les gens se comportent d'une certaine manière et explorera différents types de personnalité - afin que vous puissiez voir les gens de manière plus objective et les juger mieux.

La troisième partie se concentre sur vous et sur ce que vous apportez. Il y a deux aspects majeurs pour comprendre quelqu'un : connaître sa façon de penser et comprendre la vôtre. Malheureusement, les barrières mentales nous empêchent souvent de bien comprendre quelqu'un. Notre propre tendance à juger et à formuler rapidement des hypothèses basées sur des préjugés personnels nous empêche de comprendre correctement les autres.

La quatrième partie consiste à prendre tout ce qui a été appris jusqu'à présent et à appliquer ces principes en pratique. Ici, vous découvrirez de petits secrets et des stratégies sur la façon dont vous pouvez déduire le vrai sens des mots, repérer les tromperies et acquérir une maîtrise totale sur l'esprit de quelqu'un d'autre.

Inutile de dire que vous vous lancez dans un livre complet et une ressource complète pour devenir un lecteur de niveau enquêteur.

Commencer tout nouveau voyage nécessite de comprendre les motivations des actions entreprises et les raisons pour lesquelles certains comportements se produisent. Vous devez savoir pourquoi la lecture dans les pensées est nécessaire et anticiper les défis rencontrés tout au long de son processus ; pourquoi ce qui est exprimé ne se traduit-il pas directement ?

Il n'y a pas si longtemps, la communication impliquait d'être assis face à face avec une autre personne, les yeux croisés et d'avoir suffisamment de temps pour que vous puissiez tous les deux parler et être entendus. Cependant, au fil du temps, les méthodes de communication ont considérablement changé : si les nouvelles formes ont permis des interactions globales, elles réduisent également la qualité des interactions en raison du multitâche se déroulant simultanément à la conversation entre vous. Cela signifie que les conversations ont perdu de leur valeur.

Manque de temps
Notre temps est constamment en jeu. Bien que les technologies d'aujourd'hui nous offrent un certain soulagement - les repas précuits peuvent réduire la durée des repas à quelques secondes par repas et les réunions virtuelles planifient souvent les réunions en transit pour gagner du temps - les cafés sont devenus des déplacements et les communications sont souvent programmées autour de listes de contrôle mentales que nous créer dans nos esprits.

Fini le temps de la communication à distance qui limite l'interaction
L'époque où nous communiquions en personne ou écrivions de longues lettres qui pouvaient prendre des mois à envoyer est révolue depuis longtemps ; où chaque mot comptait pour quelque chose dans sa version finale. De nos jours, la communication prend de nombreuses formes différentes, ce qui limite souvent les interactions.
Aujourd'hui, il existe de nombreux moyens de communiquer avec une autre personne : les e-mails, les SMS, les interactions sur les réseaux sociaux, les notes vocales, les appels vidéo et les appels téléphoniques ne sont que quelques-unes des méthodes de communication dont nous disposons. Rencontrer quelqu'un en face à face a été pour la plupart remplacé par des réunions Zoom ou des appels vidéo, à mesure que les sujets discutés ont été déplacés en ligne - le principal inconvénient étant que ces formes de conversation numérique limitent l'expérience globale de dialogue.
Les messages texte ne nous permettent pas d'évaluer avec précision le ton et les expressions faciales d'une personne. Par conséquent, répondre avec des réponses en un seul mot peut être dû à l'ennui, à un désaccord ou au fait d'être distrait de la communication simultanée avec plusieurs autres parties.
Un entretien mené par téléphone limite votre capacité à comprendre comment un recruteur reçoit et traite vos réponses. Puisqu'il n'y a aucune interaction entre vous et eux, comprendre avec précision les autres peut devenir de plus en plus difficile.

Conversateurs sur les réseaux sociaux
L'anonymat peut être un pouvoir incroyable ; cela vous permet de devenir invisiblement dominant tout en vous donnant la possibilité de faire entendre votre voix

sans rendre de comptes ; Donner aux autres accès à des richesses incalculables sans restriction du contrôle des passeports, c'est comme avoir des ailes sans limitation quant à l'endroit et au moment où vous volez.

Uniquement limité par la vitesse de frappe, l'anonymat de frappe vous fait dire des choses que vous ne diriez autrement jamais directement à quelqu'un en personne.

Les pensées aléatoires deviennent des opinions, qui se transforment ensuite en débats. Vous ne savez jamais si la personne qui critique votre coiffure ne l'aime vraiment pas ou si elle a simplement eu une mauvaise journée avec ses cheveux ; leur liberté d'expression rend impossible la compréhension de la manière dont les gens pensent et perçoivent des informations spécifiques.

Communications mondiales à travers les cultures

Nous ne communiquons plus uniquement au sein de nos communautés locales, maintenant que les entreprises et les relations dépassent les frontières. Les cultures se sont mélangées à mesure que nos modes d'interaction se sont répandus dans le monde entier – ce qui était considéré comme un comportement respectueux à un bout peut maintenant être considéré comme offensant à un autre. L'embarquement prendra du temps, car nous nous adapterons et accepterons ces différences les uns avec les autres tout en apprenant à coexister et à communiquer plus efficacement au-delà des frontières.

Non seulement nous devons surmonter les barrières linguistiques, mais il peut souvent être nécessaire d'accepter que l'indifférence d'une autre personne au contact visuel ne soit pas due à l'ennui mais plutôt au respect. Au fil du temps, nous devons développer une manière mutuellement acceptable de communiquer entre les cultures.

À mesure que ces communications mondiales ont de plus en plus d'impact, leurs effets se font sentir plus vivement au niveau national ; ce qui entraîne souvent de la confusion et du choc plutôt que l'incapacité des gens à comprendre les autres.

Autrefois, les conversations tournaient autour de la chasse, de la famille, des enfants et de la survie. Même si les conversations étaient centrées sur ces sujets, nous pouvons désormais discuter de bien d'autres choses : de la banque et des investissements au sport, en passant par la technologie et même la numérisation, il y a tellement de sujets et de sous-thèmes qui pourraient être discutés en profondeur.

Les intérêts n'ont jamais été aussi divers ; maintenir des conversations entre eux peut être un défi extrêmement difficile. Votre esprit peut facilement vagabonder lorsque vous parlez avec quelqu'un dont les intérêts divergent considérablement des vôtres ; cela conduit à de la confusion et à des interprétations erronées des actions, ce qui rend la lecture dans les pensées de quelqu'un encore plus difficile qu'auparavant.

Alors que notre monde évolue rapidement, il peut être difficile de suivre le rythme de ses progrès rapides et d'avoir des conversations significatives et productives avec les gens. Pour y parvenir et les lire avec précision, il est nécessaire de rester attentif à ces facteurs tout en évoluant à un rythme égal.

Que faut-il pour décrocher un emploi incroyable ? mes S'il ne s'agissait que des résultats scolaires et universitaires, les entretiens en personne ne seraient même pas nécessaires. Avez-vous déjà reçu une offre après avoir simplement parcouru les profils LinkedIn de candidats potentiels et été impressionné par les postes actuels ? C'est hautement improbable ; les diplômes n'indiquent pas toujours si quelqu'un est un candidat idéal.

Les entreprises se soucient profondément de votre état d'esprit, de vos habitudes et de la mesure dans laquelle vos pensées et vos valeurs s'alignent sur celles de l'entreprise - un aspect qui se répercute également dans la vie. Par exemple, lors du choix d'un partenaire de vie, il ne s'agit pas simplement de rechercher des comédiens ; vous devriez plutôt trouver quelqu'un avec qui vous partagez une compréhension similaire du fonctionnement du monde par des moyens non verbaux tels que se toucher la main.

Il est vrai que la vie et les gens peuvent souvent être complexes ; personne n'a de réponse facile en matière de communication ou de relations sociales. Aucun signe d'avertissement nous alertant de mensonges, d'abus ou de comportements d'intimidation ne peut toujours être visible à leur surface. Les études sur la nature humaine ont conduit à de nombreuses révélations remarquables. Il existe des modèles de comportement verbal et physique qui révèlent ces vérités avec une précision remarquable, souvent étudiées de près par des professionnels dédiés à la compréhension de cet aspect de notre existence. Les personnes occupant de tels rôles comprennent des agents secrets, des psychologues, des enquêteurs, des conseillers et des jurés. Leur étude des modèles humains leur permet de déterminer rapidement si quelqu'un est honnête, cache des secrets ou se livre à un comportement criminel, les aidant ainsi à prendre des décisions plus judicieuses pour se protéger et protéger les autres d'un danger potentiel.

Il va sans dire que les compétences en communication interpersonnelle sont aujourd'hui largement négligées dans la société. Par conséquent, ils devraient être enseignés dans les écoles et les collèges, quel que soit le programme choisi par les étudiants ; les lecteurs ne devraient pas non plus se limiter aux études psychologiques ; spécialistes du marketing, médecins, infirmières, avocats, recruteurs, sportifs : tout professionnel en contact avec les gens devrait également acquérir cette compétence.

Maîtrise en communication et lecture populaire

La lecture est une compétence sous-estimée qui est souvent méconnue, tout comme son rapport à la parole. Tout le monde ne pense pas et ne parle pas de la même manière - tout dépend de l'éducation, de l'environnement, des émotions et des types de personnalité qui affectent ce que nous disons - ce qui signifie qu'une personne peut dire une chose mais qu'une autre peut l'interpréter complètement différemment ; en fin de compte, cela revient à être capable de lire les gens avec suffisamment de précision afin de déduire avec précision ce que chacun veut dire par ce qu'il essaie de dire.

Relations Selon Henry Winkler, les hypothèses sont les termites des relations – une observation on ne peut plus vraie ! Peu importe qui cela implique ; conjoint, parents, amis ou frères et sœurs : les hypothèses et les malentendus sont souvent les principaux catalyseurs de la création de conflits dans ces relations ; souvent interprété à tort comme un manque d'intérêt de leur part ou une tentative de la part d'un frère ou d'une autre de partager une réussite considérée comme l'inscrivant. Il y a de nombreuses fois dans notre vie quotidienne où quelque chose que nous disons pourrait être complètement sorti de son contexte ou mal interprété de manière complètement différente. par d'autres - nous faisant remettre en question leurs intentions !

Si seulement ils comprenaient ce que nous voulons vraiment dire, les émotions ou les griefs sincères ne seraient pas interprétés à tort comme des détachements et des plaintes. Trop souvent, nous nous attendons à ce que nos proches perçoivent des allusions subtiles, des humeurs, des messages voilés ou des insinuations sans que nous ayons besoin de nous exprimer directement ; n'est-ce pas pour cela que communiquer est une telle forme d'art : comprendre ce que veulent dire les autres sans avoir à s'exprimer soi-même ?

Il peut parfois être difficile de lire avec précision les signes dans les relations. La compréhension, la concentration et un esprit conscient sont tous nécessaires si nous voulons interpréter ces signes avec précision ; une fois acquis, cela peut faire une énorme différence dans le maintien de relations saines. Nous avions un couple vivant à côté qui croyait que son mari tremblait à chaque fois qu'il lui mentait ; à la suite de quoi ils se battaient fréquemment !

Chaque fois qu'elle lui posait une question délicate, nous observions tous attentivement sa lèvre supérieure recouverte d'une impressionnante moustache et la regardions commencer à se contracter en réponse. Mon impression à ce moment-là était la suivante : elle savait exactement comment repérer quand il mentait ! Cette information n'augurait rien de bon car ils se disputaient souvent à ce sujet - jusqu'à ce que des années plus tard, lorsqu'ils cherchaient une thérapie où ils apprirent qu'elle ne tremblait pas parce qu'il mentait mais plutôt à cause de la nervosité ! De telles hypothèses ont causé tellement de tort dans leur relation !

Lire avec précision les gens pourrait vous aider à surmonter de telles hypothèses, vous permettant ainsi de mieux comprendre les relations malgré la façon dont quelqu'un peut s'exprimer verbalement.

Carrière
Si vous aviez su que votre patron ne rencontrait pas de problèmes en dehors du lieu de travail qui retardaient l'achèvement de son travail dans les délais, plutôt que d'être simplement frustré d'être livré en retard, votre approche aurait peut-être été différente : en lui offrant un soutien moral et de l'espace. Le fait de critiquer constamment les retards

créerait probablement des liens émotionnels plus forts avec lui et pourrait ouvrir la porte à des opportunités, à de meilleures relations et à un travail d'équipe plus efficace.

La plupart des emplois impliquent de travailler en équipe afin de produire des résultats, que ce soit en tant que médecin, enseignant ou gestionnaire. Quelle que soit votre spécialité - de la médecine et de l'enseignement aux rôles de gestion - comprendre et bien travailler avec d'autres professionnels est crucial pour accomplir votre travail efficacement et au mieux de vos capacités. Les dirigeants en particulier doivent collaborer avec une grande variété d'individus - chacun possédant des talents, des défauts et des réactions différents face aux défis ou aux critiques - en comprenant pourquoi quelqu'un réagit comme il le fait, vous pouvez adapter les réponses de manière appropriée et utiliser de manière optimale ses capacités.

Aujourd'hui, les entreprises investissent massivement dans la création d'un environnement de travail agréable pour leurs employés, réalisant que les employés constituent leur plus grand investissement et doivent rester satisfaits et heureux afin de fonctionner au maximum de leurs capacités. Des incitations sont de plus en plus proposées, l'accent étant davantage mis sur la satisfaction des employés. Les entreprises doivent respecter l'individualité de chaque employé tout en répondant en conséquence aux besoins émotionnels ; la lecture peut fournir aux entreprises un outil efficace pour y parvenir. Les personnes qui lisent peuvent également aider les employés à fidéliser leurs employés en créant une atmosphère propice au bien-être et à la productivité.

Vie sociale

Les gens sont essentiels à notre bien-être ; ils soutiennent le bien-être émotionnel, les besoins fondamentaux et le bien-être mental général. Tous les humains désirent être entendus et compris, donc les personnes qui fournissent des espaces sûrs pour que les autres puissent le faire attirent souvent les bonnes énergies - imaginez parler à quelqu'un qui a compris exactement ce que vous essayiez de dire sans avoir besoin d'explications interminables ; vous chercheriez probablement cette personne à chaque événement possible !

Santé mentale et émotionnelle Comprendre nos propres pensées peut être déjà assez difficile ; Souvent, nos réactions proviennent de sources sans rapport : le manque de sommeil peut vous rendre grincheux ou ivre, tandis que de petites choses peuvent facilement déclencher nos réactions sans que nous réalisions pourquoi elles l'ont fait. L'intelligence émotionnelle joue un rôle important dans le maintien de notre bien-être émotionnel et mental, en nous aidant à reconnaître et à comprendre nos propres émotions ; la lecture à haute voix ajoute un autre niveau de compréhension car elle nous permet de déchiffrer plus facilement les intentions des autres, comme comprendre qu'une explosion de votre partenaire pourrait tout aussi bien provenir d'un enfant de deux ans qui a raté sa séance de sieste !

Comprendre les gens peut vous aider à rester calme et positif même en période de fortes émotions. En vous éloignant des railleries ou des crises qui peuvent sembler dirigées contre vous mais qui sont en réalité causées par d'autres, la compréhension vous permettra de rester positif même pendant les périodes de troubles et de difficultés.

Lire les gens peut prendre du temps et de la pratique, mais le maîtriser en vaut la peine pour créer des relations plus solides avec les autres et avec vous-même. Au travail, cela permettra un travail d'équipe plus productif tandis que dans votre vie sociale, cela pourra créer des réseaux d'amis plus solides en leur offrant un espace sûr pour comprendre et communiquer librement.

Qu'est-ce qui nous empêche de comprendre les gens ? Bien que la lecture des pensées mot à mot reste hors du domaine des possibilités pour l'instant, aucune intelligence artificielle, aucune avancée technologique ou médicale n'a réussi à décoder les circuits neuronaux complexes qui existent en chacun de nous - et pourtant, quelque chose nous empêche toujours de comprendre avec précision ce qui est parlé. langue?

Qu'est-ce qui vous empêche de lire correctement les gens ?

Avez-vous du mal à comprendre correctement les gens ? Alors, qu'est-ce qui vous empêche de déchiffrer correctement ce que les gens veulent dire par certaines actions et certains mots ? Lire les gens devrait être aussi simple que comprendre les expressions faciales, le ton et le dialogue des autres, mais cela n'arrive pas toujours : les mêmes mots prononcés par les mêmes personnes à diverses occasions peuvent avoir des significations totalement différentes !

Quelqu'un peut vous dire « Je sais ce que vous voulez dire », mais son ton peut indiquer soit un compliment, soit une critique.

Parfois, il peut être facile de comprendre le ton de quelqu'un ; d'autres fois, ce n'est peut-être pas le cas. Nous pourrions mal interpréter ce que quelqu'un veut dire pour un certain nombre de raisons ; voici quelques facteurs qui ont un impact sur la façon dont nous interprétons les gens :

Les connaître trop bien ou pas assez : à mesure que votre relation se renforce avec quelqu'un, ses attentes à votre égard augmentent en conséquence. Nos proches s'attendent à ce que nous comprenions ce qu'ils veulent dire sans avoir besoin de s'expliquer ou de communiquer efficacement. « Les yeux devraient parler » lorsque vous connaissez quelqu'un intimement, mais ils communiquent souvent mal lorsqu'ils ne sont pas dans le bon état d'esprit. Il y a toujours plus derrière chaque regard que ce que l'on voit ; parfois, cette histoire peut même vous rester inconnue ! Ce que quelqu'un dit ou veut dire peut varier considérablement en fonction de sa personnalité, de son environnement, de ses pensées et d'autres influences quotidiennes. Il peut être difficile de savoir exactement pourquoi quelqu'un est de mauvaise humeur ; c'est peut-être parce que leur patron leur a causé du chagrin.

Semblable à une mauvaise interprétation des paroles et des actions de quelqu'un que nous ne connaissons pas assez bien, ne pas connaître suffisamment quelqu'un peut également conduire à de mauvaises interprétations des paroles et des actions. Un introverti n'a rien contre vous – il lui faut simplement plus de temps pour s'ouvrir que la plupart. Par conséquent, essayer de lire tout le monde sur un pied d'égalité se soldera probablement par un échec.

Ignorer le contexte et se concentrer sur les signes : éviter le contact visuel pourrait indiquer que quelqu'un ment ; mais cela pourrait aussi signaler un désintérêt ou une faible estime de soi ; L'une des pires erreurs que l'on puisse commettre en essayant de lire les gens est d'appliquer ce que l'on lit sans tenir compte du contexte et de prendre en compte tous les aspects lorsqu'on essaie de lire quelqu'un. Lorsque vous lisez des personnes, vous devez prendre en compte tous les facteurs plutôt que d'utiliser uniquement des éléments d'information d'un livre comme preuve contre une seule personne.

Craquer pour le Poker Face : Ne faites pas d'hypothèses uniquement basées sur le langage corporel, les mots ou les expressions faciales lorsque vous lisez les gens. Lire des personnes implique de collecter des données sur des individus avant de les analyser soigneusement pour former des suppositions précises à leur sujet. Par exemple, ne présumez pas que quelqu'un est nerveux simplement parce que ses paumes sont moites - faites également attention aux autres signes qui indiquent une nervosité similaire, comme s'agiter, avoir l'air nerveux en parlant à voix haute, bégayer en parlant, etc... Il se pourrait simplement qu'il soit nerveux. vous portez trop de couches et vous avez trop chaud à l'intérieur !

Ignorant vos émotions : Il se peut simplement que vous soyez tellement absorbé par le comportement de quelqu'un d'autre que vous ne parvenez pas à évaluer ce que vous ressentez en fonction de la façon dont l'autre personne agit ou de votre propre perception d'elle ? Peut-être que vos propres préjugés, ou votre compréhension de ceux-ci, vous empêchent d'avoir une vue d'ensemble ; Afin de lire avec précision les gens, cela commence par une conscience de soi et une compréhension de la façon dont vous percevez les gens.

Erreurs de personnalité ou de situation Comportement défaisant Il existe deux éléments clés qui influencent les actions d'une personne : son environnement et ses traits de personnalité. Malheureusement, il peut être difficile de faire la différence entre les deux lorsqu'on communique avec des inconnus et des connaissances, ce qui conduit à des évaluations incorrectes de ce que les gens tentent de communiquer. Tirer des conclusions trop hâtives signifie se donner suffisamment de temps pour comprendre si la réaction d'une personne est due à des préférences personnelles ou à des forces externes auxquelles elle doit faire face.

Cédons au biais de confirmation : lorsque nous formons des idées préconçues sur quelqu'un et lui associons des étiquettes dans notre esprit, tout ce qu'il dit ou fait par la suite sert à étayer ces évaluations à son sujet et à confirmer nos propres pensées à son sujet. Cependant, en faisant cela, nous pouvons nous empêcher d'avoir une vue d'ensemble et nous concentrer plutôt sur ce que nous percevons comme étant la réalité.

Céder aux préjugés de personnalité : lorsque nous trouvons quelqu'un attirant, notre esprit crée une image trop positive d'elle dans notre esprit. Cela s'applique également aux personnes dont les habitudes, les passe-temps ou les choix ressemblent aux nôtres ; nos opinions ont tendance à être plus favorables à l'égard d'une personne vers laquelle nous nous sentons attirés par rapport à quelqu'un de différent de ce à quoi nous nous attendions – ce qui empêche une évaluation précise de qui est réellement cette personne.

Influence de votre passé : si quelqu'un vous a récemment trompé, il y a de fortes chances que vous soyez plus réticent à faire confiance à ce que quelqu'un dit maintenant. Nos expériences passées peuvent façonner la façon dont nous jugeons les autres.

Inflexibilité : si vous avez des opinions bien arrêtées sur quelque chose et que quelqu'un n'est pas d'accord avec elles, des barrières mentales peuvent se former pour vous empêcher de vous accepter et de vous comprendre pleinement et objectivement. Par exemple, si vous préférez dépenser votre argent judicieusement et que vous vous consacrez à des stratégies d'investissement intelligentes, cela pourrait vous amener à juger négativement ceux qui dépensent sans tenir compte de ces questions.

Le fait est que nous avons tous des idées préconçues sur ce qui est considéré comme un comportement acceptable de la part des autres. Même s'il est tout à fait normal de graviter autour de personnes ayant des idéologies et des processus de pensée similaires ou de se mélanger à elles, avoir des jugements forts sur des personnes qui ne correspondent pas à nos idéologies peut créer des barrières entre la compréhension de la façon dont les autres pensent et se comportent et la compréhension complète de leurs points de vue et de leurs comportements. Afin de vraiment comprendre les autres et accepter leurs différences.

L'environnement, l'éducation et la personnalité jouent tous un rôle dans la façon dont nous communiquons ; notre environnement, notre éducation et nos traits de personnalité influencent tous nos paroles, nos pensées et nos actions. Les experts en personnalité ont identifié des traits spécifiques et des méthodes de communication que les gens utilisent généralement : Personlichkeit Assertive ; Agressif; Passif agressif

* Manipulateur

À mesure que vous connaissez mieux les gens, votre capacité à identifier leur style de communication devient plus grande. Comprendre pourquoi quelqu'un parle d'une certaine manière augmentera également. À première vue, les communicateurs passifs ont tendance à éviter le contact visuel et à être d'accord avec tout ce que vous dites. Être capable de reconnaître leur style de communication permettra donc une évaluation plus précise des traits de personnalité et des relations. Des situations et des relations spécifiques nécessitent différentes formes de dialogue. Les styles de communication diffèrent selon la personne qui parle ; vous pouvez utiliser des stratégies passives-agressives lorsque vous traitez avec des personnes que vous n'aimez pas et des méthodes plus manipulatrices lorsque vous parlez à des inconnus. Comprendre ces styles profitera non seulement à vous-même, mais aussi aux autres. Approfondissons donc le fonctionnement de chaque style de communication et identifions les styles similaires chez d'autres personnes.

Style de communication assertif

Ce style de communication est largement considéré comme l'une des formes les plus efficaces. Quelqu'un qui utilise cette approche a des convictions fermes et n'hésite pas à les partager ; ils parlent clairement sans dévaloriser les convictions des autres ; respecter les différents points de vue tout en exprimant librement les leurs ; ils font preuve d'une grande estime d'eux-mêmes tout en recherchant le consensus et le compromis lors des discussions.

Les communicateurs assertifs peuvent facilement être identifiés par le fait qu'ils utilisent souvent le « je » lorsqu'ils parlent. Par exemple, ils pourraient dire des choses telles que « Je pense que nous devons soutenir davantage ses opinions » au lieu de formuler cela comme : « Vous devriez être plus accommodant avec tous les points de vue ». Ces personnes ont également tendance à faire preuve d'attitudes positives lorsqu'elles communiquent.

Voici quelques signes révélateurs d'une personne ayant un style de communication affirmé : * Elle exprime avec confiance ses besoins et ses désirs.

* Ils maintiennent un contact visuel. * Ils n'hésitent pas à dire non lorsque cela est approprié. * Ils donnent à chacun une chance égale de faire part de ses idées.

* Ils utilisent des déclarations « je ».

Pour communiquer efficacement avec un locuteur assertif, permettez-lui d'exprimer librement ses pensées et permettez-lui d'exprimer exactement ce qu'il ressent lorsqu'on lui donne l'espace pour le faire. Les personnes assertives ont tendance à partager librement leurs points de vue lorsqu'on leur en donne l'occasion, ce qui les rend plus faciles à lire et à interpréter que les autres styles si vous trouvez quelque chose de déroutant ; posez simplement vos questions! Ils se feront un plaisir de vous fournir toutes les réponses !

Style de communication agressif
Les personnes utilisant ce style de communication ont tendance à être agressives et hostiles. Leur objectif dans les conversations est toujours de gagner à tout prix et ils pensent souvent que leur contribution aux conversations est bien supérieure à celle des autres participants. Le contenu et le contexte ont tendance à se perdre en raison de la manière dont ces personnes transmettent leurs messages - les communicateurs agressifs employant souvent un ton intimidant et dévalorisant lorsqu'ils parlent ; ces individus peuvent repousser plus fort ceux qui ont des styles similaires, ce qui rend leurs interactions assez difficiles à lire car tout ce qu'ils disent est perdu dans leur lutte pour la domination des conversations.

Voici quelques signes révélateurs d'un style de communication agressif : * Ils ont tendance à parler au-dessus des autres. * Ils pointent fréquemment du doigt. * Et enfin ils froncent les sourcils.

* Ces personnes ont tendance à intimider, rabaisser, critiquer et menacer les autres. Ils sont également exigeants et contrôlants.

* Les communicateurs qui expriment leurs idées ou leurs pensées sur un ton agressif ont tendance à utiliser des déclarations telles que « parce que je l'ai dit ! pour affirmer leur autorité. La distinction majeure entre un communicateur assertif et agressif est leur désir de domination ; un communicateur assertif préfère diriger plutôt que d'être dirigé. Lorsque vous parlez avec une personne au style agressif, essayez de garder les conversations ciblées et sur le sujet ; même si les conversations s'éloignent, ramenez-les en évaluant ce qu'ils disent plutôt que de prendre en considération leur ton lorsque vous essayez de comprendre leur message.

Style de communication passif
Également appelés style de communication soumis, les communicateurs passifs ont tendance à se concentrer sur le plaisir des autres en évitant les conflits et en poursuivant les conversations de manière amicale. Ils n'aiment pas la confrontation et répondent souvent en acceptant ou en disant oui. Contrairement à ce qui peut paraître au premier abord, les personnes ayant ce style de communication ne s'engagent pas toujours dans un dialogue positif : leur capacité inefficace à transmettre leurs points de vue peut conduire à beaucoup de ressentiment et de négativité au fil du temps ; les communicateurs passifs ont du mal à s'exprimer clairement, tandis que les communicateurs passifs peuvent même

les rendre difficiles à lire puisque nous entendons à peine leurs pensées s'exprimer ouvertement !

Voici quelques signes indiquant qu'un individu s'engage dans une communication passive :

* Ils établissent rarement un contact visuel.

* Leur posture est médiocre. * Leur attitude tend à être celle de « suivre le courant ».

* Les personnes ayant ce style ont souvent du mal à dire non. Afin de communiquer efficacement avec des personnes de ce style, il est préférable de poser de nombreuses questions et de les encourager à exprimer leur point de vue.

Style de communication passif-agressif

Chacun a sa propre nuance de gris en matière de communication ; le style de communication passif-agressif ne fait pas exception. Fusion de deux approches différentes de la communication, elle englobe un comportement passif dès le départ et une agressivité attendant en coulisses tout signe de conflit ; ces individus peuvent paraître agréables mais peuvent receler sous la surface des ressentiments et une colère considérables.

Le ressentiment se manifeste souvent par des commérages, des sarcasmes, des comportements condescendants ou des commentaires et remarques indirects qui expriment indirectement des frustrations. Les personnes ayant ce style de communication sont généralement confrontées à des problèmes non résolus et les démontrent indirectement en utilisant des styles de communication passifs-agressifs : * Ils utilisent fréquemment le sarcasme * Leurs mots ne correspondent pas à leurs actions * Ils ont du mal à reconnaître leurs émotions

* Leurs expressions faciales ne correspondent pas à ce qu'ils disent.

Ils peuvent utiliser des phrases telles que « Ne vous énervez pas ! C'était juste une blague ! » ou "Peu importe ce qui arrive, je m'en fiche!" et peuvent souvent paraître passifs, agressifs ou méchants lorsqu'ils communiquent leurs intentions ; ce qui en fait le plus difficile à interpréter puisque la plupart de ce qu'ils disent provient de conflits et de problèmes non résolus.

Personnes utilisant le style de communication manipulateur Les personnes employant ce style de communication s'appuient sur la tromperie et l'influence pour façonner le résultat des conversations et les actions des autres avec des mots. Leur discours peut souvent être difficile à décoder car chaque mot qu'ils prononcent semble motivé par ce qu'ils espèrent obtenir ; leurs véritables intentions restent souvent cachées sous des couches de tromperies ou de manipulations ; ces personnes peuvent souvent paraître condescendantes et feront de leur mieux jusqu'à ce que vous soyez d'accord avec ce qu'elles disent.

Voici quelques signes indiquant que vous parlez à une personne manipulatrice : * Elle fait généralement des déclarations avec une grande conviction. * Ils ont tendance à ne pas bien réagir lorsqu'ils sont confrontés à des points de vue contradictoires. * Ils retiennent votre regard plus longtemps.

* Ils utilisent des gestes de la main lorsqu'ils parlent.

Lorsque vous engagez un dialogue avec ces intervenants, vous devez faire preuve de patience et de calme à parts égales. Essayez de ne pas réagir émotionnellement en restant assertif mais ferme dans vos convictions ; ne laissez pas leurs opinions influencer vos propres opinions, mais ne soyez pas en désaccord non plus, sinon ils s'isoleront. Les styles de communication révèlent beaucoup de choses sur un individu ; bien sûr, cela dépend de la personne avec qui on communique ; en prêtant une attention particulière à ces styles, vous pouvez adapter les réponses de manière appropriée et mieux comprendre les gens de manière plus approfondie.

La culture est le résultat de la rencontre de nombreux éléments différents : traditions, folklore, rituels, utilisation de la langue, choix de vie et croyances – tous contribuent à façonner la manière dont nous communiquons et nous comprenons. La culture n'existe pas seulement géographiquement : deux personnes en couple développent leur propre culture distincte au fil du temps, à mesure que leur communication, leur utilisation de la langue et leurs rituels l'influencent et la façonnent davantage - tout comme le font également différentes entreprises, régions ou toutes sortes de relations !

Lorsque vous essayez de comprendre quelqu'un, vous devez également comprendre sa culture. Savoir d'où vient quelqu'un ; leurs croyances et habitudes ; ainsi que tous les rituels ou coutumes individuels qui les rendent spéciaux sont cruciaux pour développer l'empathie pour cet individu.

Les personnes habituées à suivre certaines règles et coutumes ont tendance à interagir différemment de celles qui suivent des rituels divers. Quelqu'un habitué à assister à des réunions où personne n'arrive à l'heure n'appréciera pas autant son importance, ce qui lui fera croire que son manque de compétences en gestion du temps est dû à des problèmes de discipline plutôt qu'à une adaptation culturelle.

Un individu issu d'une culture caractérisée par certains styles, langues et formes de communication apportera probablement ces influences avec lui lorsqu'il communiquera avec une personne extérieure à sa propre culture.

En tant qu'observateur essayant de lire les gens, vous devez porter une attention particulière à leur origine culturelle. Gardez à l'esprit que cela inclut non seulement leur religion et leur appartenance ethnique, mais également toutes les petites cultures supplémentaires qui peuvent s'être développées en raison de leur appartenance à des communautés, organisations ou autres influences spécifiques.

Les communications et les cultures sont interdépendantes. La culture émerge à travers les interactions entre individus qui favorisent la communication mutuelle pour produire des modèles, des lois, des règles et des rituels qui façonnent la société dans son ensemble. Nos communications constituent l'épine dorsale d'une culture qui évolue constamment à travers des communications mondiales devenues une nécessité quotidienne.

Les personnes de diverses cultures et ethnies interagissent fréquemment selon différents modes.

Aujourd'hui, la culture englobe bien plus qu'une simple façon d'être et de faire les choses ; selon les personnes avec lesquelles une communauté ou une société interagit socialement ou professionnellement, il peut y avoir diverses cultures et rituels au sein de cet espace.

En tant que tel, lire et comprendre les gens devient à la fois plus facile et plus difficile. Pour mieux nous comprendre, nous devons briser les hypothèses et créer des espaces qui offrent un espace pour diverses croyances, règles et rituels sous le même toit. Cependant, des défis spécifiques peuvent être rencontrés lors de la communication et de la compréhension avec des personnes de différentes cultures, telles que :

Les gens communiquent différemment. Nos langues varient, tout comme les mots et expressions que nous utilisons. Même des expressions aussi simples en apparence que « tout ce que vous voulez » peuvent avoir des interprétations différentes selon les cultures ; un pouce levé peut être positif ou offensant selon la personne à qui il a été donné. De la disposition des sièges aux différences de distance entre les individus, tout est compris différemment selon les pays du monde.

Tout le monde ne gère pas les conflits de la même manière ; certains pourraient y voir un moyen de parvenir à des conclusions productives tandis que d'autres y voient une remise en question. Lorsque vous communiquez entre cultures, vous devez être sensible aux sentiments des autres et prêter une attention particulière à la façon dont ils réagissent aux actions spécifiques entreprises par vous ou par d'autres parties impliquées.

Respectez l'espace personnel. Le Covid-19 nous a peut-être obligé à développer une distance sociale, mais d'autres cultures n'acceptent pas non plus le contact physique et la proximité. Lorsque vous essayez de lire les gens avec précision, méfiez-vous de ces détails et essayez de ne pas transgresser l'espace personnel de quelqu'un en vous rapprochant trop près ou en vous forçant à entrer trop tôt.

En tant que personnes vivant dans ce monde très varié, nous dépendons les uns des autres pour notre survie et notre épanouissement. Pour répondre efficacement à ce besoin, il est essentiel que nous tenions compte des différences et des limites culturelles de chacun. Vous ne pouvez pas vous attendre à lire quelqu'un avec précision sans d'abord comprendre ce qui a façonné ses paroles et ses actions ; ce que dit quelqu'un peut refléter toutes ses croyances et expériences de vie - faire preuve de gentillesse peut grandement contribuer à renforcer les liens entre nous tous.

Après avoir engagé une conversation avec un ami, vous réalisez soudain qu'il a cessé de répondre de manière significative et qu'il acquiesce simplement à tout ce que vous dites sans apporter sa propre contribution. À ce moment-là, vous souhaiteriez savoir comment lire leur humeur avec précision – ce qui demande de la patience et de la compréhension ; mais sûrement réalisable !

Lire les gens peut transformer la façon dont vous les abordez et vice versa. Comprendre les émotions et les besoins des gens vous permet de réagir de manière appropriée et d'approfondir les relations. Ajuster les styles et les tons de communication pour établir un lien plus profond avec les gens. Cependant, sur quoi devez-vous vous concentrer lorsque vous essayez de lire les gens ? Comprendre pourquoi ils agissent comme ils le font peut donner un aperçu de la psychologie humaine ; c'est exactement ce que couvrira cette section !

La deuxième partie se concentre sur la compréhension de l'esprit humain à travers des siècles de recherche, de découvertes scientifiques et un examen de la nature humaine. Nous couvrons différentes théories qui aident à découvrir différents types de personnalité et besoins humains fondamentaux qui motivent les schémas de pensée et les comportements des gens - des connaissances qui s'avéreront inestimables lorsqu'on aura affaire à différentes personnes de tous horizons.

Avez-vous déjà réfléchi à ce qui motive les gens Avez-vous déjà réfléchi à ce qui motive les autres et vous-même en termes de motivations et de désirs quotidiens ? Avez-vous déterminé leurs forces motrices ? Avez-vous déjà réfléchi à ce qui vous motive ? Ce qui motive votre motivation est également susceptible de motiver les autres.

Qu'est-ce qui vous anime dans la vie ?

Comprendre cette question à un million de dollars peut faire une différence dramatique à la fois pour vous-même et pour vos proches – la motivation étant la force qui maintient chaque chose fermement à sa place.

Découvrir ce qui motive les gens est essentiel pour les comprendre, mais cela peut être difficile car chacun est différent. Le passé et le présent d'une personne influencent ses objectifs qui la motivent à avancer dans la vie malgré les difficultés rencontrées en cours de route.

Ainsi, pour bien comprendre ce qui motive les gens, il est nécessaire d'apprendre à les connaître individuellement. En rencontrant directement des gens et en vous connectant à un niveau intime, vous pourrez en apprendre davantage sur leurs expériences passées, les luttes qu'ils ont surmontées, les personnes clés de leur vie et les rêves ou objectifs qu'ils espèrent poursuivre dans la vie - des informations qui vous permettront de reconstituer leur personnalité qui révèle leur force motrice dans la vie.

Selon les chercheurs et les psychologues, toute personne naît avec trois besoins universels qui les animent :

1. L'indépendance - la motivation à faire des choix personnels - est primordiale, tandis que 2. La compétence fournit la motivation pour être reconnu pour quelque chose.

3. Besoin de connexion – le désir de se sentir valorisé par les autres [3]

Par conséquent, lorsque vous essayez de comprendre les motivations d'une personne à changer, portez une attention particulière aux sujets qu'elle évoque dans la conversation. Leur force motrice est-elle leur désir de contrôler les affaires, les finances et d'autres aspects de leur vie ? ou leur désir d'accéder à des postes plus élevés au travail avec des objectifs de carrière plus compétitifs ; ou peut-être simplement être disponible et présent pour ceux qui sont dans leur vie : amis, collègues ou famille ?

Parler avec eux fournira une indication de ce qui les motive. Ces trois instincts de base peuvent fournir une motivation ; cependant, il existe d'autres forces qui stimulent également la motivation des individus.

Certaines personnes apprécient la renommée et le pouvoir. Lorsque vous voyez des personnes influentes telles que des politiciens, des propriétaires d'entreprises ou des dirigeants de conseils syndicaux occuper des postes tels que la politique ou l'adhésion à un conseil syndical, ils sont probablement motivés à progresser dans leur carrière. D'autres trouvent leur motivation en assumant des rôles de leadership au sein d'une institution ou d'un pays, apportant des changements grâce à des initiatives qui améliorent des choses comme la prestation de services ou la gestion des installations.

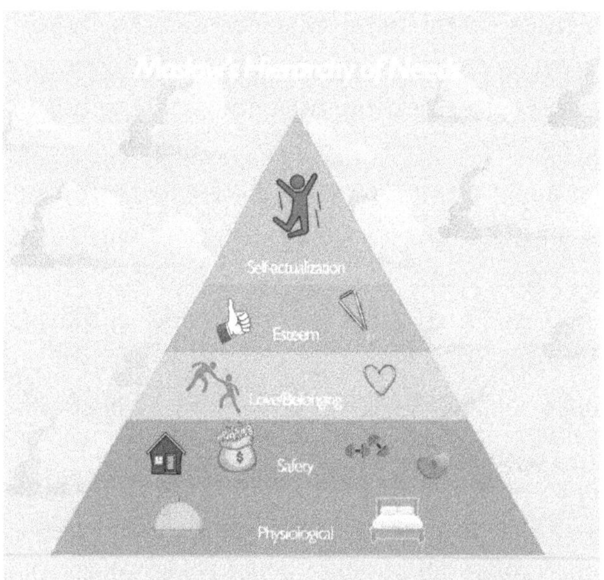

On peut constater cette motivation non seulement à travers leurs discours et leurs actions, mais aussi dans la façon dont ils agissent. Pour vous connecter avec ces types d'individus, soyez direct, factuel et logique. Ils accordent une grande valeur à leur temps ; donc ils vous respecteront si vous respectez aussi leur temps.

Là où certains individus sont motivés par des forces extérieures, d'autres trouvent leur motivation dans des facteurs intrinsèques comme la passion. Cela pourrait inclure de parcourir le monde ou de travailler à quelque chose qui profite aux autres ; les yeux des gens s'illuminent lorsqu'ils discutent de sujets qui passionnent ; faisant souvent des sacrifices de sommeil, de temps libre ou de santé pour de plus grands objectifs.

Dès que vous vous connectez avec quelqu'un dont la passion motive ses actions, établir un lien émotionnel devrait devenir plus facile. Comprendre les influences des gens élimine toute incertitude quant à la meilleure façon de les comprendre.

La hiérarchie des besoins de Maslow)

Afin de mieux comprendre l'esprit et les émotions humains, Abraham Maslow (un psychologue américain) a développé une théorie de la hiérarchie des besoins qui illustre les besoins fondamentaux comme moteurs de motivation des personnes. Cette théorie comprend cinq niveaux dans sa représentation pyramidale.

Une fois les besoins fondamentaux satisfaits, on se concentre sur la satisfaction des niveaux supplémentaires jusqu'à atteindre la satisfaction ultime et à atteindre le niveau le plus élevé de sa pyramide.

Maslow pensait que les gens étaient motivés à répondre à leurs exigences de base avant de progresser vers des exigences plus complexes.[4]

Décortiquons ces cinq niveaux de hiérarchie pour mieux comprendre ce qui motive les individus dans la vie à progresser davantage dans leurs efforts.

Niveau I : Besoins physiologiques des étudiants

Ces besoins fondamentaux sont essentiels à la survie humaine et comprennent :
* Eau >> nourriture.4vetement Vêtements et abri.
* Repos
A la base de la pyramide se trouvent ces besoins qui déterminent la vie ou la mort. Même avec des relations solides et une confiance en soi en place, sans nourriture pour survivre, votre existence serait en danger - tout comme vos relations, puisque vos besoins fondamentaux restent non satisfaits, vous chercherez probablement d'autres sources pour combler ce vide - comme essayer de combler un trou carré. avec des piquets ronds !

Niveau deux de la hiérarchie des besoins de Maslow Une fois que nous progressons sur l'échelle des besoins de Maslow, la sûreté et la sécurité deviennent des priorités absolues pour ceux dont les besoins physiologiques ont déjà été satisfaits. Ces besoins découlent d'un désir de contrôle et d'ordre dans la vie et comprennent : * Santé et bien-être * Stabilité financière Au départ, ces préoccupations peuvent n'avoir qu'un attrait limité, mais à mesure que vous progressez dans la pyramide de Maslow, elles deviennent des considérations primordiales, comme pour les personnes dont les besoins physiologiques sont importants. ont déjà été satisfaits
* Protection contre les blessures et les accidents. Ces besoins obligent les individus à obtenir un bon emploi avec un potentiel d'avancement, à obtenir une assurance maladie, à cotiser à des comptes d'épargne et à résider dans des quartiers sûrs pour se protéger contre le vol et la violence.

Maslow décrit le niveau 3 de sa hiérarchie comme incluant les besoins d'amour et d'appartenance comme suit. Ces besoins sociaux comprennent l'appartenance, l'acceptation et l'amour - des besoins émotionnels qui correspondent à des relations et affiliations interpersonnelles telles que des relations amoureuses, des amitiés, des contextes sociaux ou des groupes communautaires qui satisfont ces instincts.
* Organisations religieuses
Se sentir aimé et apprécié par les autres est essentiel pour lutter contre les sentiments de solitude, d'anxiété, de dépression et de tristesse. Les attachements créent un sentiment

d'appartenance à la vie en fournissant un but significatif - un lien émotionnel est d'une importance vitale pour motiver la conduite humaine à ce stade de l'évolution humaine.

À mesure que nous progressons dans la hiérarchie des besoins de Maslow, les exigences deviennent plus compliquées. À ce stade, les besoins d'estime sont les principaux facteurs de motivation chez les gens – satisfaire leur désir de respect et d'admiration est ce qui alimente tout cela ! Les gens consacrent davantage de temps et d'efforts aux activités sportives, aux réalisations professionnelles, à la réussite scolaire ou à tout autre moyen contribuant à satisfaire les exigences d'estime de soi.

À ce stade, les gens veulent sentir qu'ils apportent une contribution significative à la société et qu'ils en sont des membres précieux. Atteindre le bonheur signifie être satisfait de soi-même, ce qui, à son tour, donne du pouvoir aux autres autour de soi. Les influences positives dans la vie des autres deviennent d'importantes sources de validation pour améliorer la vie des autres.

Les personnes incapables de répondre à ce niveau de besoins développent souvent un complexe d'infériorité et sont sujettes à des problèmes de faible estime de soi ; en conséquence, ils croient qu'ils n'ont pas leur place dans une relation et que les autres seraient mieux sans eux. Cela affecte à son tour négativement les relations interpersonnelles, car ces sentiments d'infériorité ont tendance à causer des dommages et à endommager les liens interpersonnels.

Cependant, même les besoins les plus élevés peuvent néanmoins avoir une influence significative sur la qualité de vie globale.

Niveau 5 : Besoins de réalisation de soi

Une fois que les besoins fondamentaux d'un individu sont satisfaits, il peut répondre à ses besoins de réalisation de soi en explorant son moi intérieur et en appliquant ses talents à sa croissance personnelle. À ce niveau, votre objectif ultime devrait être d'atteindre des niveaux profonds d'épanouissement qui dureront tout au long de votre vie.

Aucune personne n'a la même idée de son moi idéal, ce qui influence ses actions. Certains se concentrent sur gagner plus d'argent ; d'autres s'efforcent de faire bonne impression dans des domaines créatifs ou de se porter volontaires pour des services communautaires ; d'autres encore recherchent l'épanouissement intérieur à travers le développement personnel ou le don en retour. Tout le monde aspire à atteindre cette satisfaction ultime mais les échecs contrarient souvent les progrès : plusieurs individus gravissent la pyramide avant d'arriver finalement à ce niveau d'épanouissement.

Maslow a identifié ce niveau le plus élevé comme étant des « besoins de croissance », tandis que les quatre niveaux inférieurs étaient des « besoins déficients ». Lorsqu'on s'efforce de combler des besoins déficients, des aspects peuvent surgir qui conduisent à des privations sous divers aspects tels que le manque de nourriture, les difficultés financières ou le sentiment d'isolement. En progressant de chaque niveau dans la hiérarchie des besoins de Maslow, le malheur peut être éliminé étape par étape.

Au contraire, si vos besoins de niveau cinq ne sont pas satisfaits, ils n'entraîneront pas de difficultés immédiates en termes de nourriture, de finances ou de sécurité ; ils découlent plutôt de votre désir de vous développer davantage en tant qu'individu et peuvent avoir des effets profondément néfastes sur votre niveau de bonheur.

La théorie de Maslow se présente souvent comme une hiérarchie rigide ; cependant, nombreux sont ceux qui ont observé que sa réalisation ne suit pas une progression inébranlable basée sur les besoins individuels de chacun. Par exemple, certains peuvent donner la priorité aux besoins d'estime de soi plutôt qu'aux besoins d'amour et d'acceptation, ou peut-être que l'accomplissement créatif éclipse même les nécessités fondamentales ; tout dépend des priorités de chacun.

La théorie des besoins de Maslow propose cinq besoins fondamentaux qui composent la motivation comportementale. En comprenant à quelle étape de la pyramide se situe un individu, vous pouvez mieux le comprendre et communiquer efficacement.

C'est ce qu'on appelle la science, car comprendre quelque chose d'aussi complexe que le comportement humain nécessite une analyse minutieuse de l'esprit et du comportement. L'analyse de telles études vous fournit des outils non seulement pour sympathiser avec les gens, mais aussi pour réagir de manière appropriée lorsqu'ils semblent en colère, tristes, heureux ou ressentent toute autre émotion.

Avez-vous déjà réfléchi à la théorie des quatre fonctions psychologiques de Jung ? Vous êtes-vous déjà demandé pourquoi certaines personnes semblent plus à l'aise dans les grands rassemblements sociaux tandis que d'autres s'épanouissent davantage lorsqu'elles sont confinées dans des environnements intimes plus petits ? Vous êtes-vous demandé pourquoi certains sont toujours prêts à s'amuser tandis que d'autres aspirent à une soirée introspective avec un livre au coin du feu ?

Parce que l'énergie consciente et les intérêts de chaque individu circulent dans des directions différentes en fonction de ses expériences psychologiques personnelles et des influences environnementales, cette théorie a été avancée par le psychanalyste et psychologue suisse Carl Jung. Selon lui, certaines attitudes et fonctions dominent dans la personnalité en tant que tendances opposées qui déterminent son type de personnalité dominant ; ces orientations déterminent alors son type d'attitude : introversion ou extraversion.

Jung a noté que les attitudes ou fonctions dominantes font partie de la conscience humaine tandis que leurs opposés représentent des caractéristiques inconscientes de la personnalité ; de telles tendances font souvent surface sous le stress ou à travers les rêves.

Avant d'explorer la théorie de Jung des quatre fonctions psychologiques, jetons un rapide coup d'œil à deux attitudes de personnalité décrites par lui et qui en constituent le fondement.

Introversion vs Extraversion – La répartition des attitudes

L'introversion et l'extraversion représentent les extrémités opposées d'un spectre d'attitudes, déterminé par la manière dont on dépense son énergie. L'orientation d'une personne envers les facteurs externes joue également un rôle.

Les introvertis ont tendance à retirer leur énergie des objets et à s'assurer que les influences extérieures n'exercent pas de pouvoir sur eux ; les extravertis, en revanche, ont tendance à déployer leur énergie pour tenter de nouer des relations actives avec ces objets. Par définition, les introvertis se concentrent sur le monde intérieur tandis que les extravertis se concentrent davantage sur l'environnement extérieur. Les psychologues d'aujourd'hui sont d'accord avec la théorie de Jung selon laquelle ces tempéraments peuvent être transmis génétiquement.

La théorie de Jung affirme que nous avons tendance à réagir de quatre manières distinctes en fonction de nos attitudes personnelles prédominantes : la pensée, la sensation, l'intuition et le sentiment.

Il a ensuite divisé ces fonctions en deux groupes distincts : rationnel (pensée et sensation) et irrationnel (intuition et sentiment).

L'introversion et l'extraversion ne peuvent pas être comprises isolément ; ils doivent plutôt être considérés dans le contexte de ces quatre fonctions pour créer une image complète de la personnalité d'un individu. Cette théorie tente de démontrer la complexité de la typologie humaine.

La théorie de Jung soutient que les quatre fonctions peuvent devenir dominantes à des moments différents en fonction des conditions extérieures ; Pourtant, une fonction se démarque généralement en raison de tendances innées ou de facteurs de développement – c'est ainsi que la théorie jungienne les décrit.

Pensée : Cette forme d'évaluation s'appuie sur les interdépendances logiques et conceptuelles entre les objets pour évaluer la vérité ou la fausseté des expériences, analyser la réalité par interférence et analyse logiques et prendre des décisions éclairées. Le processus inclut une pensée systématique et rationnelle car il aide à comprendre la réalité grâce à une interaction et une enquête systématiques.

Sensation : Cette fonction représente la valeur esthétique attribuée à une expérience sans aucune évaluation ou raisonnement logique ; au lieu de cela, les sensations sont perçues en fonction de la façon dont les choses apparaissent sans hésitation ; tout concept tel que le contexte, les significations, les implications ou les interprétations alternatives échappe à sa compétence et représente l'information exactement telle qu'elle apparaît aux sens.

Intuition : La fonction intuitive se concentre sur notre instinct ou notre perception générale des situations plutôt que sur une analyse détaillée ou une déduction logique. L'intuition fournit une orientation grâce à sa compréhension des circonstances, des relations et des possibilités latentes dans les situations, sans preuve ni preuve pour l'étayer. Ajouter du sens aux événements en lisant intuitivement des situations tout en captant des modèles qui peuvent être moins perceptibles immédiatement fait partie de cette fonction.

Sentiment : Le sentiment est une fonction sentimentale qui consiste à évaluer une situation en fonction de ses préjugés, de ses goûts et de ses aversions. Les décisions sont prises sur la base d'expériences passées qui influencent les sentiments face à des situations similaires – ce qui est toujours subjectif.

La théorie de Jung des quatre fonctions psychologiques place les fonctions rationnelles et irrationnelles aux extrémités opposées du spectre (c'est-à-dire que le sentiment est opposé à la pensée et l'intuition est opposée à la sensation), de sorte que si la sensation est votre fonction dominante, alors l'intuition ne serait pas incluse parmi vos fonctions secondaires ; au contraire, la pensée et le sentiment resteraient des décideurs actifs, impliqués sans le savoir dans les processus de prise de décision.

Une logique similaire s'applique aux traits de personnalité (introversion et extraversion). Si votre mode de pensée prédominant est introverti, il y a de fortes chances que votre mode de ressenti subconscient soit extraverti.

Les gens ont souvent du mal à utiliser efficacement leurs fonctions secondaires, mais grâce à la pratique et à la conscience de vos actions, vous pouvez élever ces capacités subliminales au rang de schémas de pensée conscients.

La lecture des personnes peut se faire en sachant si leurs fonctions prédominantes tendent vers l'introversion ou l'extraversion, ce que vous pouvez déduire à travers des signes communs tels que leurs préférences de socialisation, leur expressivité ou leur cercle social. Une fois ces informations établies, vous pouvez prédire quelle fonction ils utilisent généralement pour prendre des décisions.

Depuis les années 1970, les psychiatres utilisent la théorie de la personnalité de l'Ennéagramme pour identifier les caractéristiques et les traits des individus. Il comprend un diagramme en neuf points dans lequel chaque point représente un type de personnalité qui correspond à la façon dont les gens pensent, ressentent et agissent envers eux-mêmes et envers les autres. Il existe 27 sous-types au sein de chaque point avec trois centres clés représentant le sentiment, l'action et la pensée qui influencent tous nos comportements dans différents environnements, étant finalement déterminés par nos motivations sous-jacentes.

L'Ennéagramme cherche à caractériser les gens en fonction de leurs motivations, peurs et comportements dominants afin de mieux comprendre la personnalité d'un individu. Lorsque l'on lit des personnes à l'aide de l'analyse de l'Ennéagramme, ses types de personnalité fournissent des informations plus approfondies sur les forces et les faiblesses d'une personne ainsi que sur ses relations avec la société dans son ensemble. De plus, l'Ennéagramme aide à comprendre les motivations qui poussent les individus à agir comme ils le font.

La théorie de l'Ennéagramme affirme que les gens naissent avec un type de personnalité dominant, mais que celui-ci peut changer en raison d'expériences et de facteurs externes. Les traits externes et innés ont tendance à s'influencer mutuellement ; les caractéristiques instinctives de la personnalité déterminent la façon dont une personne réagit dans des situations stressantes ; ce qui à son tour façonne leur personnalité pour qu'elle soit anxieuse ou calme.

Ce système théorique souligne en outre le fait que les gens ne rentrent pas clairement dans une seule catégorie ; leurs personnalités comprennent plutôt de multiples traits combinant des types de base, avec quelques « ailes » supplémentaires, connues sous le nom de modificateurs de tempérament ou ailes. Bien que les ailes aient une certaine influence sur le tempérament, elles ne modifient pas de manière significative les types de personnalité dominants ; selon cette théorie, les traits de base ont tendance à rester constants au fil du temps, bien que certains traits spécifiques puissent changer en raison d'influences externes telles que les habitudes et la santé.

Les individus peuvent posséder plusieurs traits de personnalité, le type dominant se révélant toujours comme étant le plus important à leurs yeux. Un test Ennéagramme peut aider à identifier ces traits de personnalité.

Maintenant, considérons : quels sont les neuf types de personnalité trouvés dans l'Ennéagramme de la personnalité ? Examinons-les plus en détail.

Ennéagramme Type 1 – Réformateurs de principes Les personnes appartenant à ce type de personnalité sont motivées par le désir d'agir de manière juste sur le plan moral et éthique. Ils valorisent l'intégrité, les principes, la maîtrise de soi et la perfection dans tous les domaines de la vie. Les types 1 ont tendance à s'accepter à la fois envers eux-mêmes et envers ceux qui les entourent tout en recherchant la maîtrise de soi et l'excellence dans toutes les sphères de leur vie. Ils ont tendance à s'accepter envers eux-mêmes et envers leurs proches, mais peuvent parfois devenir intolérants et porter des jugements lorsque leurs imperfections font surface ou les faire se sentir inadéquats ou inadéquats.

Les Types Un habitent généralement le centre d'action de l'Ennéagramme, bien que leur action et leur contrôle tendent à venir de l'intérieur – à travers les principes, la discipline et l'autodiscipline. Ces principes leur servent de force directrice et donnent à Ones une apparence organisée et axée sur la qualité.

Les personnes appartenant à cette catégorie ont tendance à posséder un sens aigu du bien et du mal, fixant des normes élevées tant pour elles-mêmes que pour les personnes qui les entourent. Leur dialogue intérieur comporte souvent de nombreuses déclarations « Je dois » ou « Je devrais » alors qu'ils tiennent un tableau de bord interne contre eux-mêmes, conduisant potentiellement à une expansion et à une contraction de leur vie.

Certains sont connus pour éprouver de fréquents accès de colère, même s'ils la gardent généralement sous contrôle. Leur colère se manifeste généralement par du ressentiment ou de l'irritation lorsque d'autres adoptent un comportement irresponsable ou contraire à l'éthique ; dans les cas extrêmes, cela se manifeste par un comportement passif-agressif où leur rigidité physique augmente alors qu'ils deviennent inhabituellement polis malgré leurs critiques envers les autres et semblent souvent non réceptifs aux critiques provenant de sources extérieures, les conduisant sur le chemin de la frustration et finalement de la colère.

Les types 1 sont relativement rares – selon une étude menée auprès de plus de 54 000 personnes interrogées, seulement 10 % constituent les types 1.[6]

Ennéagramme de type 2 – Aides attentionnées
Les personnes de type 2 ont un désir inhérent de se sentir chéris par les gens qui les entourent, accordant une grande importance à cultiver des relations significatives ainsi

que la générosité, la gentillesse et l'altruisme. Leur objectif est de faire du monde un environnement aimant en apportant soutien et attention à leurs proches.

À leur meilleur, les Types Deux peuvent être des individus chaleureux, affectueux et généreux qui partagent modestie et humilité avec le monde. Malheureusement, les 2 en moins bonne santé peuvent paraître égocentriques et manipulateurs, donnant juste pour une récompense ; leur voix intérieure leur dit qu'ils ne valent la peine que si les autres les aiment et ont besoin d'eux, ce qui peut les inciter à se dépasser et à donner plus que nécessaire.

Les modèles d'action des deux sont motivés par leur désir de développer des relations. Par conséquent, ils déploient leur énergie et leurs efforts pour forger des liens étroits et des amitiés, attirant les gens avec des gestes généreux de louanges ou de compliments qui font que les autres se sentent spéciaux et appréciés. Les 2 ont tendance à fournir d'excellents services de conseil dès qu'ils réagissent lorsque quelqu'un a besoin d'aide ou sentent que quelqu'un pourrait potentiellement nuire à ceux qui leur sont chers.

Les processus de pensée des Deux sont guidés par la considération et la prévenance. Ils sont à l'écoute des besoins des autres – même de ceux qui ne sont pas conscients de leurs désirs – ce qui fait que leurs pensées sont souvent absorbées par les autres et qu'ils savent comment se connecter avec eux de manière significative. En conséquence, une part importante de l'énergie mentale peut être consacrée à tenter de se connecter.

Les deux ont tendance à prendre un grand plaisir à se sentir indispensables, ce qui peut se traduire par une estime de soi orgueilleuse ou un sentiment exagéré de leur propre importance et, en fin de compte, saper les relations interpersonnelles.

Les sentiments des deux ont tendance à se manifester à l'extérieur sous forme d'énergie chaleureuse et solidaire. Leur forte empathie les rend capables de ressentir les émotions des autres et de réagir en conséquence, et bien que généralement amicaux envers les gens, ils peuvent parfois surprendre par leur colère accrue lorsqu'ils ont le sentiment d'avoir été ignorés ou traités injustement ; Les deux s'affirment lorsqu'ils protègent ceux qui leur sont chers lorsqu'ils ont l'impression d'être traités injustement et ressentent une douleur émotionnelle s'ils sont négligés ou ignorés.

Les personnes de type 2 représentent environ 11 pour cent de la population, les femmes étant plus répandues que les hommes dans ce pourcentage.

Ennéagramme de type 3 – Réalisateur compétitif

Les performants compétitifs sont motivés par le désir de se surpasser et de dépasser leurs réalisations précédentes avec de plus grandes. Le résultat, la reconnaissance et l'efficacité deviennent à leurs yeux de la plus haute importance, les amenant à adapter leurs actions en fonction des circonstances afin d'atteindre de nouveaux niveaux de réalisations.

Au mieux, ces individus peuvent être considérés comme des individus de principe, travailleurs et motivés, répandant l'intégrité et l'espoir à travers le monde. Cependant, parfois, leur désir de réussite peut les consumer à tel point qu'il les éloigne des relations importantes de la vie, ce qui les fait se sentir particulièrement importants et augmente leur estime de soi par des actions plutôt que par des paroles.

Les acteurs ont tendance à agir avec des plans d'action axés sur des objectifs. Leur énergie et leur concentration sont dirigées vers l'accomplissement efficace des tâches. Beaucoup appartenant à ce type de personnalité peuvent facilement changer de personnalité pour s'adapter au comportement, au rôle ou aux attentes que l'on attend d'eux ; leur nature compétitive se manifeste souvent lors d'activités récréatives ou au travail - les individus de ce type de personnalité ont tendance à trouver des activités ou des compétitions qui leur permettent de briller davantage tandis que les 3 sociaux préfèrent les compétitions d'équipe comme opportunités de montrer leurs qualités de leadership au sein des groupes - paraissant énergiques et confiants au sein des groupes. à tout moment.

Les modes de pensée des Trois donnent à leur personnalité un côté optimiste. Ils voient les échecs comme des opportunités d'apprendre plutôt que de les laisser les empêcher d'avancer vers leurs objectifs. Les 3 ont tendance à mettre l'accent sur les informations qui soutiennent leur point de vue tout en ignorant les autres. Leur succès réside dans leur capacité à se concentrer sur les bonnes choses et à prendre des décisions calculées ; leur processus de réflexion rapide leur permet de saisir rapidement n'importe quelle situation avant de s'adapter avec des compétences de communication et d'engagement appropriées pour que les choses se déroulent comme prévu.

Leur compétition naît de leur désir de se comparer aux autres et de se juger en fonction de leur niveau de comparaison, souvent totalement immergés dans leur travail, jusqu'à ce qu'il devienne une partie de qui ils sont en tant qu'individu.

Leurs schémas émotionnels leur permettent de se désengager émotionnellement de toute situation et de prendre des décisions objectives et rationnelles. Leurs émotions négatives – comme le stress, la peur et l'anxiété – ne les consument pas, mais ils éprouvent néanmoins de la frustration et de la colère.

Les trois visent à éviter autant que possible de se mettre du mauvais côté des gens si cela peut contribuer à leur réussite de quelque manière que ce soit. Ils sont conscients de la façon dont les gens peuvent réagir à leurs attitudes et à leurs actions ; même s'ils peuvent paraître amicaux de l'extérieur, ils peuvent se méfier des autres à l'intérieur ; leur objectif est de projeter leur confiance sur les autres, supprimant ainsi tout ce qui les détourne de ce travail ; d'autres peuvent percevoir les Trois comme insensibles ou même sérieux en raison de ce comportement.

Les Ennéagrammes de Type Trois font partie des types de personnalité les plus rares. Sur les 54 000 participants ayant participé à une étude mentionnée précédemment, seuls 11 % s'identifiaient à ce type de personnalité ; la plupart se sont identifiés comme étant des hommes.

Ennéagramme de type 4 – Créatif intense

Les Ennéagrammes Type Quatre sont amenés à exprimer leur créativité unique à travers les mots, le travail ou tout autre moyen - y compris le langage lui-même ! Comme ils valorisent l'individualisme, ils accordent une grande importance à l'expression de soi et à leurs sentiments.

Romantiques dans l'âme et admirateurs de la beauté, les Fours sont de véritables créatifs au sens le plus vrai du terme. À leur meilleur, ceux qui appartiennent à cette catégorie sont sensibles mais satisfaits, avec un flair authentique qui les rend uniques en leur genre ; au pire, ils peuvent paraître capricieux ou mélancoliques parce qu'ils sont conscients de leurs défauts et de leurs blessures ; leur discours intérieur implique de chercher un but dans la vie en s'exprimant de manière authentique.

Les actions des Quatre sont motivées par leur besoin de s'exprimer. Ils prospèrent en partageant des expériences profondes avec ceux qu'ils aiment, souvent en faisant ressortir l'artiste qui sommeille en eux ou en utilisant des symboles. Leur personnalité excentrique les laisse souvent frustrés et désenchantés lorsqu'ils effectuent des tâches fastidieuses qui ne répondent pas à leurs désirs.

Les quatre ont tendance à utiliser des déclarations telles que « je », « moi » et « à moi » qui partagent des expériences personnelles avec un public. Bien que cela puisse paraître égocentrique au premier abord, c'est en fait leur façon de se connecter avec les autres et de nouer des relations.

Vos schémas de pensée découlent de votre besoin de combler les trous de votre vie, comme des morceaux manquants de vous-même. Ils ont tendance à intérioriser les informations négatives sur eux-mêmes tout en ignorant les données positives, ce qui les amène à intérioriser les messages négatifs sur eux-mêmes tout en rejetant toute nouvelle positive, ce qui peut à son tour déclencher des réactions chaque fois que quelqu'un suggère des implications négatives à leur sujet. Leur jugement est obscurci par les émotions car leur jugement repose fortement sur les émotions plutôt que sur la logique - cela aboutit souvent à des décisions biaisées en raison de ce biais de jugement basé sur l'expérience ou les liens émotionnels qui constituent la base de la prise de décisions importantes.

La nature introspective des Quatre a tendance à les conduire sur un chemin de pensées interne parfois trop profond pour leur confort, les conduisant sur des chemins de pensées négatifs qui finissent par diminuer leur estime de soi et les conduisent à être incompris par les autres.

Les sentiments des quatre sont leur plus grand atout ; ils les aident à se sentir connectés au monde et aux autres. De plus, les Quatre sont extrêmement conscients des émotions des autres – souvent plus qu'eux-mêmes ! Malheureusement, les Quatre ont tendance à s'attarder trop longtemps sur leurs émotions, ce qui les fait paraître profonds, intenses et maussades.

Les Quatre croient que vivre leurs émotions - qu'il s'agisse de tristesse ou de bonheur - leur permet d'explorer qui ils sont vraiment. Leurs émotions fluctuent souvent en fonction des changements du monde qui les entoure, même si la tristesse, le désir et la perte ont tendance à avoir un impact plus lourd que le bonheur et peuvent les faire paraître mélancoliques ou éloignés de la société. Malheureusement, ils prennent souvent les choses trop au sérieux et ont besoin d'un peu de légèreté dans leur vie.

Les individus de type quatre ont tendance à être des individus uniques qui se démarquent de la foule par leur style et leur flair individualistes, ce qui les distingue souvent de la foule. [7]

Ennéagramme de type 5 – Enquêteur silencieux
Les Cinq sont connus pour leur nature introspective, motivés par un désir interne de découvrir la vérité et de comprendre les autres pour prendre des décisions. Lorsqu'ils tentent de comprendre leur environnement, Fives accorde une grande valeur à la connaissance et à l'objectivité lorsqu'ils prennent des décisions basées sur des connaissances objectives. Les Fives donnent également la priorité à l'indépendance par rapport à toute autre chose et restent conscients des économies financières plutôt que de demander de l'aide aux autres ou de demander de l'aide aux autres lorsqu'ils prennent des décisions financières ; en outre, ils respectent la vie privée en donnant aux autres suffisamment d'espace pour vivre.

D'autres considèrent souvent Fives comme des sages et des visionnaires, avec des non-attachements qui permettent des liens significatifs avec les gens. Dans le pire des cas, les Cinq peuvent paraître intelligemment arrogants ou déconnectés de leurs émotions, car ils se replient souvent dans des états d'introspection pour essayer de donner un sens au monde qui les entoure.

Les Cinq concentrent leurs actions sur le plaisir de la solitude et de leur propre compagnie, accordant une grande importance à la « vie privée », bien que chaque individu puisse la définir différemment. Ils utilisent leur temps seul pour recharger leurs ressources et fixer des limites avec les autres tout en étant indépendants – cela implique souvent de modifier leurs routines ou leur environnement pour maintenir leur autonomie sans devenir dépendants. Ces changements pourraient impliquer l'adoption de modes de vie minimalistes ou la thésaurisation à un extrême ou à l'autre.

Les Cinq ont tendance à être conservateurs dans la manière dont ils utilisent les ressources disponibles, car cela peut nuire à leur indépendance. Ils peuvent paraître distants ou désintéressés jusqu'à ce que quelque chose qui les intéresse survienne - vous les constaterez alors très réactifs et communicatifs, partageant des informations avec les autres.

La pensée est au cœur de leur être, car ils croient fermement que la connaissance est un pouvoir. Leur soif de connaissances les pousse à explorer l'information en profondeur ; Si quelque chose retenait leur intérêt, ils feraient tout pour le maîtriser et s'établir comme experts dans ce domaine.

L'esprit est un espace sacré où ils peuvent trouver du réconfort dans le reste de la vie. Les personnes dotées de ce talent peuvent organiser les informations dans différents compartiments dans leur esprit - qu'il s'agisse d'événements, de dates ou de tout autre fait

- afin de maintenir leur intérêt pour divers sujets tout en créant des frontières claires entre les différents aspects des relations et de la vie.

Leurs états émotionnels sont grandement influencés par leur capacité cérébrale, car ils ont tendance à comprendre leurs émotions en intellectualisant et en faisant confiance à leur esprit pour leur donner un sens. Malheureusement, il leur est difficile de faire la distinction entre leurs sentiments et leurs pensées, ce qui les laisse souvent épuisés après des événements chargés en émotions ou des projets à durée indéterminée.

On peut s'épuiser lorsqu'on gère continuellement ses ressources personnelles et son énergie, mais sa capacité à se détacher des sentiments peut aider à gérer l'énergie plus efficacement. En se détachant, ils acquièrent le pouvoir de décider quand revoir ou revivre leurs sentiments à leur convenance, ce qui leur permet de poursuivre le traitement émotionnel à leur convenance. Leur comportement de distanciation émotionnelle remplit deux fonctions : il leur permet de contrôler plus facilement leurs émotions et de se protéger contre la blessure et la douleur ; malheureusement, ce mécanisme d'adaptation les amène parfois à paraître froids ou distants des autres ; pourtant, cette stratégie donne une personnalité introspective et équilibrée.

Les types cinq sont des types de personnalité rares. Une enquête auprès de 54 000 correspondants a révélé que seulement 10 % des participants appartiennent en moyenne à ce type de personnalité, et qu'il est plus répandu chez les hommes que chez les femmes (14 % pour les participants masculins et 7 % pour les femmes).

Ennéagramme de type 6 : les Six sceptiques loyaux sont animés par un fort désir d'appartenance et de sécurité ; cela détermine leurs décisions et leurs relations. Alors qu'ils s'efforcent d'assurer la sécurité dans toutes les situations, les six valorisent les personnes qui font preuve de loyauté tout en étant responsables ; ils font souvent preuve de courage tout en étant profondément connectés à eux-mêmes – offrant en échange à ceux qui les entourent des cadeaux de confiance et de dévouement. Les six en mauvaise santé ont tendance à s'inquiéter excessivement tout en laissant la peur affaiblir leurs défenses, les laissant méfiants, douteux ou anxieux.

Leur discours intérieur leur dit que le monde peut être un endroit dangereux et cruel, donc être préparé et loyal envers ceux qui vous sont chers sont des ingrédients clés de la survie. Ils s'efforcent de ne pas craindre ce qui les attend là-bas et restent sur leurs gardes, se protégeant toujours de sa cruauté.

Les Six présentent généralement l'un des deux modèles d'action. Soit ils affichent un comportement de peur et d'évitement pour éviter des situations émotionnellement accablantes, soit ils tentent d'affronter l'anxiété de front en l'affrontant de front. La plupart des Six se situent quelque part entre ces extrêmes ; leur comportement changera en fonction des circonstances de leur vie.

Certaines personnes appartenant à ce type de personnalité adoptent souvent des comportements à risque pour prouver à elles-mêmes et aux autres qu'elles sont courageuses et intrépides, que cela se manifeste par des aventures risquées ou des actes verbaux contre des personnes ayant des schémas contrephobes. Les Six sont connus pour travailler avec diligence, cohérence, avec dévouement et cohérence, tout en accordant une grande valeur à la responsabilité, à la loyauté et en se consacrant pleinement à toute tâche à accomplir. Leur admirable éthique de travail en fait des employés précieux, ce qui rend les autres plus à l'aise pour leur confier des projets.

Les Six ont tendance à éviter les problèmes lorsque cela est possible. Cependant, lorsqu'ils sont confrontés à une situation désagréable, leurs schémas de pensée les motivent à analyser les menaces et les risques de manière critique afin de rester en phase avec leur environnement et de reconnaître tous les défis et problèmes possibles qui pourraient survenir. Bien qu'ils aient la capacité de résoudre leurs propres problèmes rapidement et efficacement, leur réponse peut parfois inclure « oui, mais », ce qui rend la communication difficile entre toutes les parties concernées.

Les personnes ayant ce type de personnalité sont conscientes de leur autorité dans leur pensée. S'ils se sentent protégés et soutenus par les figures d'autorité, ils craignent également d'être déçus par les autres. Leur processus de réflexion consiste à se poser des questions internes qui servent de « comités internes », avec de nombreuses émotions inexprimées explorées aux côtés d'émotions évidentes.

Leurs sentiments sont souvent centrés sur l'anxiété alors qu'ils se concentrent sur les pires scénarios dans leurs relations quotidiennes, éprouvant souvent de la panique ou une légère inquiétude ; ou des formes plus intenses comme la terreur et l'effroi. Leur réponse émotionnelle permet un accès rapide à tout moment ; mais malheureusement, cela signifie rejouer dans leur esprit des scénarios inquiétants même lorsque les choses vont bien pour eux dans la vie ; avoir tendance à ignorer les émotions positives tout en s'attardant sur les émotions négatives.

En étant profondément en phase avec leurs sentiments, de nombreuses personnes ont tendance à projeter inconsciemment leurs émotions, leurs espoirs, leurs pensées et leurs peurs sur ceux qui se trouvent en face d'elles. Leurs propres doutes et insécurités se manifestent souvent par des comportements difficiles qui causent des problèmes aux autres.

Les personnes ayant des personnalités de type six peuvent être reconnues par leur capacité à s'intégrer parfaitement dans n'importe quel environnement et à toujours s'efforcer de soutenir leurs proches.

Ennéagramme de type 7 – Visionnaire enthousiaste
Les personnes appartenant au type de personnalité Sept sont extrêmement enthousiastes à l'égard de la vie, toujours motivées à maximiser leur plaisir tout en évitant les situations conflictuelles. Par nature, les Sept ont tendance à être optimistes – toujours à la recherche d'opportunités qui les inspirent dans la vie et capitalisent sur ces possibilités lorsqu'elles sont disponibles. Ils voient la vie comme une aventure qui stimule leur spontanéité et leur appréciation de tout ce qui les entoure ; bien que d'autres puissent percevoir les Sept comme calmes lorsqu'ils sont en « mode présent », car ils apprécient les

activités spontanées ; en raison de cette nature spontanée, ils peuvent paraître peu engagés ou même flous en raison de leur désir de montée d'adrénaline de la vie !

Leurs comportements visent à trouver des moyens d'échapper à la routine et à la monotonie de leur vie. Ils recherchent donc activement des activités ou des personnes qui ajoutent de l'excitation et de l'aventure. N'ayant jamais peur d'essayer de nouvelles choses, ils abandonnent parfois les tâches inachevées pour des projets plus passionnants.

Les Sevens s'efforcent de rester actifs et d'avancer avec confiance. Leur énergie consiste à relever chaque défi avec enthousiasme ; cette montée d'adrénaline qui vient de chaque explosion d'excitation les maintient forts. Sous pression, ce type de personnalité peut changer de plan ou effectuer plusieurs tâches afin de mener à bien ses tâches. Leur corps peut souvent dépasser leur esprit lorsqu'ils entreprennent de nouvelles activités - cela signifie que leurs niveaux d'énergie élevés apparaissent souvent sous la forme d'un mouvement constant ou d'un langage corporel occupé - donnant aux autres l'impression qu'ils sont agités, mais c'est simplement leur façon de rester engagés !

Les modes de pensée des Sevens sont motivés par un esprit actif qui effectue une transition fluide et sans effort entre les idées et les connexions, les incitant à explorer ce qui suscite leur intérêt et leur apporte une gratification instantanée. Par conséquent, leurs schémas de pensée impliquent un traitement mental rapide et une stimulation combinée. Les Sept sont enclins à avoir beaucoup d'options et n'aiment pas se sentir limités à quelque égard que ce soit ; avoir des options leur donne de la liberté ; leur vivacité d'esprit leur permet d'acquérir des connaissances dans de nombreux domaines, ce qui encourage l'innovation et la créativité, car ils disposent de nombreuses données à portée de main.

De plus, ils aiment partager leurs idées avec les autres, car cela leur permet de se sentir inspirés et engagés dans la vie. Lorsque de nouvelles informations arrivent, ils ont tendance à les saisir rapidement tout en en découvrant encore davantage en cours de route.

Les Sept ont tendance à vivre des paysages émotionnels positifs qui se manifestent à travers des personnalités énergiques et optimistes, ce qui amène les autres à considérer les Sept comme des individus optimistes, joyeux et enthousiastes. Face à des émotions négatives comme l'ennui, la tristesse, l'anxiété ou la peur, ils recherchent instinctivement des moyens de renverser rapidement ces sentiments négatifs afin d'échapper plus rapidement à l'inconfort.

La tendance naturelle des Sept aux émotions positives les amène souvent à considérer les expériences négatives avec optimisme en les présentant dans leur esprit comme des expériences d'apprentissage ou des opportunités. Malheureusement, cette rationalisation rend plus difficile la prise de responsabilité des actions lorsque les choses tournent mal ; mais du côté positif, cela maintient leur attitude positive et les aide à maintenir une perspective optimiste de la vie.

Les Sept ont tendance à être très protecteurs envers leur espace personnel et n'apprécient pas qu'on leur remette en question leurs capacités. Si vous défiez un Sept, préparez-vous à affronter sa colère. Lorsqu'ils sont confrontés à des situations inconfortables ou lourdes, les Sevens travaillent sans relâche pour détendre l'ambiance avec des blagues ou des déclarations légères pour apaiser les tensions et rétablir l'équilibre en se livrant à des anecdotes qui font rire.

L'étude Truity a découvert que les Ennéagrammes de Type Sept représentaient 9 % des personnes interrogées sur 54 000 participants.[8]

Ennéagramme Type 8-Active Challenger Type Eights sont motivés par leur besoin de paraître forts et d'éviter autant que possible de montrer leur vulnérabilité, ce qui les amène à être directs et percutants dans la gestion des situations dans lesquelles ils se trouvent impliqués. Ils prennent rapidement le contrôle des situations en contrôlant avec franchise. Les Huit prospèrent lorsqu'ils sont mis au défi et sont justes dans leurs relations, utilisant leur sens de la justice pour protéger les autres. À leur meilleur, les Huit semblent profondément attentionnés, mais forts et accessibles. Lorsque les Huit agissent conformément à la réalité, ils nous offrent à tous l'innocence. Cependant, dans le pire des cas, les Huit peuvent paraître agressifs, dominateurs et lubriques dans le cadre de leur stratégie visant à paraître plus grands que nature dans un monde souvent cruel. En contrôlant les situations, ils croient pouvoir contourner plus facilement les injustices.

Les Huit résident au cœur de l'Ennéagramme. À la base, ils agissent en fonction de leur instinct plutôt que de ne rien faire du tout, ce qui se manifeste souvent par un discours intense et direct, un choix de mots, un langage corporel et un style de prise de décision. Les Huit aiment prendre le contrôle et faire bouger les choses selon leurs propres conditions ; leur indépendance leur permet de poursuivre des projets qui les épanouissent.

Coopérer avec les autres ne vient pas naturellement chez Eights ; ils le font par obligation. Les Huit sont fiers de garder le contrôle, gérant souvent eux-mêmes les événements et finissant souvent par microgérer les autres lorsque cela est nécessaire. Leurs actions rapides les servent bien lorsque les autres sont dépassés et deviennent indisciplinés : ils interviennent rapidement, prennent les choses en main et résolvent les problèmes efficacement, sans hésitation ni délai.

La microgestion n'est peut-être pas leur activité préférée, mais elle leur permet de garder le contrôle de la situation et génère des résultats – ils font donc tout ce qui doit être fait pour atteindre cet objectif.

Les Huit ne tolèrent pas l'incompétence et la faiblesse de ceux dont ils assument la responsabilité, mais ils sont farouchement protecteurs envers ceux dont ils sont responsables. Lorsqu'une personne qui leur tient à cœur est traitée injustement, les Huit se battront sans relâche pour faire respecter la justice et réparer toutes les injustices qui leur sont faites.

Les Huit ont tendance à catégoriser les gens comme faibles ou forts et agissent en conséquence, accordant souvent plus d'attention à certains individus sur la base de cette méthode d'évaluation « tout ou rien ». Les Huit ont tendance à privilégier l'honnêteté plutôt que l'ambiguïté lorsqu'ils gèrent des situations conflictuelles, préférant la vérité

plutôt que de rester à l'écart, car cela les fait se sentir impuissants face à la situation ;
S'équiper d'autant d'informations sur les mises à jour, les progrès ou les événements aide
Eights à se concentrer plus efficacement sur la situation dans son ensemble.

Rester concentré sur leurs propres motivations plus que sur celles des autres est
essentiel pour ces personnes ; ils n'apprécient pas d'être forcés de faire des choses qu'ils
n'aiment pas ou qu'ils trouvent ennuyeuses, car cela gaspille leur énergie de manière
inefficace.

Les Huit ont des schémas émotionnels complexes. Ils ont tendance à se mettre
rapidement en colère et à réagir en conséquence, mais après avoir rapidement exprimé
leur colère, ils s'en éloignent rapidement. Parce que les Huit cherchent à éviter de se sentir
vulnérables, ils ont tendance à ne pas exprimer ouvertement leurs sentiments de tristesse
ou de faiblesse - préférant plutôt reconnaître ces sentiments uniquement lorsqu'ils sont en
sécurité - montrant leur amour par le pouvoir et la protection faisant partie de leur
identité.

L'étude Truity menée auprès de 54 000 participants a démontré que 15 % des
personnes appartiennent au type huit de l'Ennéagramme ; ces personnes étaient
majoritairement des hommes.

Ennéagramme de type 9 – Pacificateur adaptatif
Les Neuf ont tendance à agir en tant que médiateurs, animés par le désir de créer de
l'harmonie dans leur environnement. En tant que tels, ils s'efforcent d'accepter et de
accommoder ceux qui les entourent tout en donnant la priorité au rétablissement de la
paix dans tout ce qu'ils font – cela leur permet d'éviter les conflits autant que possible.

La plupart des gens dans le monde perçoivent les Nines comme des individus
dynamiques, expérimentés et conscients d'eux-mêmes qui s'efforcent de mettre en œuvre
des actions qui profitent à ceux qui les entourent. Au pire, cependant, les Neuf peuvent
paraître têtus, paresseux ou renoncements à eux-mêmes ; cela se produit parce qu'ils
accompagnent tout le monde afin de maintenir la paix, mais accordent ensuite de la
valeur aux besoins des autres plutôt qu'à leurs propres besoins et créent des sentiments
d'inconfort pour eux-mêmes et pour ceux avec qui ils interagissent. Pourtant, leur nature
complaisante attire les autres vers eux tout en mettant les gens à l'aise en leur présence.

Les Neuf ont tendance à agir en fonction de leur désir d'éviter le contrôle des autres,
soit en manipulant leur environnement, soit en résistant passivement lorsque quelque
chose ne leur semble pas confortable. Leurs actions, ou leur absence, seront
probablement motivées par le maintien de la paix et de l'harmonie, car ils ne peuvent
tolérer les conflits.

Le confort peut être trouvé à travers des routines et des rythmes familiers qu'ils
trouvent intrigants, tandis que ce type de personnalité aime forger des liens significatifs
qui aboutissent à la fusion des énergies de leurs proches, se manifestant souvent par
l'adoption des habitudes ou des intérêts des personnes présentes dans leurs espaces
intimes. .

Les schémas de pensée des Nines se prêtent bien aux processus structurés ; par conséquent, ils donnent la priorité aux détails et à la clarté lorsqu'ils abordent des tâches ou créent rapidement des habitudes ou des procédures. Lorsqu'on leur présente de grands volumes d'informations, Nines les organisera rapidement dans leur esprit en une structure ordonnée pour donner un sens à tout cela.

Les Neuf ont tendance à être volontaires et persistants, mais ont tendance à garder leurs opinions pour eux, afin d'éviter de paraître autoritaires aux autres. Malheureusement, cela les rend mécontents de certains aspects de leurs relations ou de leur vie.

Leur attitude peut paraître détendue et pondérée, mais ils éprouvent des émotions intenses avec une grande intensité, nécessitant des efforts de leur part pour les contrôler et paraître apaisés, sereins et accessibles. Leurs émotions intenses les motivent à maintenir l'harmonie entre les gens car ils comprennent comment les sentiments influencent le comportement.

Bien qu'ils excellent en tant que médiateurs pacifiques dans les situations de conflit, les Neuf ont tendance à éviter de s'engager directement dans des émotions négatives comme la colère ; de telles connexions ont tendance à les drainer de leur énergie et ils ne reconnaissent pas souvent non plus ces sentiments. C'est pourquoi ils essaient de ne pas les vivre trop intensément. De plus, la plupart des Neuf sont des empathes qui peuvent ressentir les émotions de leurs proches, captant souvent l'énergie partagée entre les personnes si leur environnement est positif et enthousiaste ; à l'inverse, face à des individus tristes ou anxieux, leur humeur peut également diminuer considérablement.

Les élèves de neuvième année représentent 13 % des personnes interrogées dans l'étude Truity ; dont la plupart sont des femmes.

Les neuf types de personnalité représentés sur la roue de l'Ennéagramme peuvent être divisés en types Cœur, Tête et Corps. Les types de cœur comprennent les types deux à quatre qui s'appuient sur l'intelligence émotionnelle pour naviguer dans la vie et se connecter avec les gens qui les entourent ; Les types de tête comprennent les types cinq à sept qui reposent sur le traitement intellectuel des situations ; tandis que les types de corps un à neuf utilisent leurs instincts et leurs intuitions pour réagir à des situations.

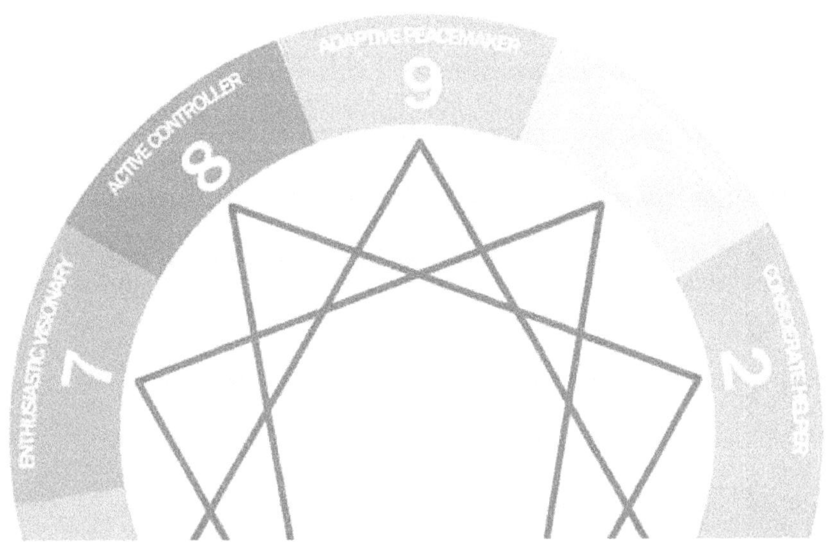

Les chercheurs à travers l'histoire ont exploré diverses méthodologies pour comprendre la personnalité humaine. L'un de ces tests, connu sous le nom de The Big Five Personality Test (OCEAN), utilise les Big Five Factor Markers dérivés du International Personality Item Pool de Goldberg introduit en 1992 comme méthode d'analyse factorielle pour explorer les réponses statistiques des groupes en répondant à cette question : Quelle est la méthode idéale ? de résumer la personnalité de quelqu'un ? »[9]

Bien que les variables de personnalité ne puissent pas être quantifiées, les réponses classent les individus en cinq grands groupes en fonction de leurs traits dominants : (O-Ouverture C-Conscience D-Extroversion E- Extraversion A- Agréabilité

N - Névrosisme En comprenant ces types de personnalité, vous pouvez mieux comprendre les gens en comprenant leurs besoins, en établissant des liens significatifs grâce à des intérêts communs et en adaptant votre comportement en conséquence.

Un facteur intéressant ici est que ces personnalités peuvent être le produit à la fois de la nature et de l'éducation. Les parents peuvent les transmettre, ou les individus peuvent les développer à partir de la façon dont ils ont été élevés.

Approfondissons ces traits de personnalité et évaluons si la nature ou l'éducation a la plus grande influence.

Ouverture Ce trait de personnalité est connu pour être ouvert aux nouvelles connaissances et expériences. Les personnes mieux notées sur cette échelle ont tendance à être perspicaces et imaginatives avec de nombreux intérêts qui varient considérablement ; l'innovation et la curiosité y occupent également une place importante ; d'un autre côté, ceux qui sont moins bien classés peuvent être plus prudents, plus cohérents et avoir des difficultés avec des processus de pensée abstraits. Si vous souhaitez évaluer le niveau d'ouverture d'une personne sur une échelle comme celle-ci, essayez de poser ces questions : Aimez-vous l'aventure ?

Votre imagination est débordante ? Avez-vous déjà lancé de nouvelles activités ? Êtes-vous prêt à relever de nouveaux défis ?

Répondre « oui » à toutes ces questions indique un niveau élevé d'ouverture. Les personnes ayant un tel niveau d'ouverture aiment être mises au défi dans la vie et recherchent des moyens créatifs pour s'exprimer de manière créative. 57 % des individus possèdent héréditairement ce trait d'ouverture.

Conscience
Les caractéristiques générales de ce trait de personnalité comprennent un comportement axé sur les objectifs, la prévenance et un bon contrôle des impulsions. Les personnes consciencieuses ont tendance à être d'excellents planificateurs et à anticiper

lorsqu'elles prennent des décisions de vie ; en outre, ils sont très conscients de l'impact de leurs actions sur les autres ainsi que des délais qu'il peut être nécessaire de respecter.

Les personnes qui se classent en haut sur l'échelle de conscience ont tendance à être attentives, organisées et efficaces dans leur approche des tâches et des détails. Les personnes moins bien classées sont généralement décontractées et détendues. Voici quelques questions qui vous aideront à évaluer où se situe une personne en termes de conscience :

Êtes-vous fier d'être autodiscipliné ?

Êtes-vous organisé et préparé à toute éventualité ? Ou préférez-vous être spontané ? Aimez-vous respecter un calendrier, hiérarchiser rapidement les tâches et prêter attention aux détails immédiatement ?

Répondre « oui » à ces questions indique un niveau élevé de conscience chez un individu, comme en témoigne l'organisation et l'ordre de la vie et des relations. La conscience a une influence héréditaire de 49 %.

Les traits extravertis peuvent être identifiés par des caractéristiques telles que la sociabilité, l'affirmation de soi, l'enthousiasme, l'expressivité émotionnelle et le bavardage. Les personnes présentant ce trait de personnalité ont tendance à être extraverties et à s'épanouir lorsqu'elles participent à des réunions sociales.

Les personnes qui obtiennent un score élevé sur l'échelle extravertie s'épanouissent en étant au centre de l'attention et en appréciant la présence des gens. En revanche, les personnes ayant un score faible (introvertis) trouvent les interactions sociales épuisantes et apprécient davantage la solitude que la compagnie des autres.

Pour comprendre l'extraversion chez quelqu'un, posez les questions suivantes : 8.5 Éprouvez-vous des difficultés à attirer l'attention lors de réunions ou à engager une conversation dans un contexte social ? Aimez-vous rencontrer de nouvelles personnes et possédez-vous un large cercle de connaissances ou d'amis ?

Avez-vous tendance à exprimer les choses avant d'y réfléchir ?

S'ils sont d'accord avec ces questions, ils obtiennent un score élevé sur l'échelle d'extraversion. Si vous vous trouvez en compagnie de personnes ayant un score inférieur sur cette échelle, essayez de ne pas les forcer à devenir extravertis en les encourageant à parler excessivement ou en les poussant à des réunions sociales ; ceux qui ont des traits de personnalité introvertis ont tendance à se rapprocher de ceux et des lieux qui leur apportent nourriture et réconfort émotionnels.

Les traits extravertis ont une influence héréditaire de 54 %.

Agréabilité

Cette dimension de la personnalité englobe des attributs de gentillesse, de confiance, d'affection, d'altruisme et d'autres caractéristiques prosociales. Les individus très agréables ont tendance à être compatissants, amicaux et coopératifs, tandis que ceux qui ont un faible niveau d'agréabilité peuvent devenir détachés, analytiques ou compétitifs, allant parfois même jusqu'à adopter un comportement manipulateur.

Interrogez les individus pour déterminer où ils se situent sur l'échelle d'agrément : font-ils facilement confiance et accordent-ils facilement une seconde chance aux autres, sont-ils empathiques, aiment-ils mettre les autres à l'aise, etc.

Êtes-vous passionné par l'aide à ceux qui en ont besoin?

Une réponse affirmative à ces questions indique un rang élevé sur l'échelle d'agrément. Les individus ayant un score faible sur cette échelle ne ressentent souvent pas d'empathie naturellement et doivent faire des efforts conscients et changer de comportement afin de se mettre à la place des autres et réagir en conséquence ; 42% des facteurs héréditaires jouent un rôle dans les traits d'agrément.

Névrosisme On attribue à cette dimension de la personnalité des traits tels que les sautes d'humeur, l'instabilité émotionnelle et la tristesse. Le névrosisme fait référence à la façon dont une personne gère ses émotions ; les personnes ayant un score élevé sur cette échelle ont tendance à être sensibles, facilement irritables et sujettes aux sautes d'humeur ; d'un autre côté, ceux qui obtiennent des résultats inférieurs ont tendance à être émotionnellement sûrs, sécurisés et résilients.

En posant ces questions, il est possible d'évaluer où se situe une personne sur l'échelle du névrosisme : (Inquiétant ? Facile à stresser ? Changements d'humeur récurrents)

Avez-vous du mal à gérer des situations stressantes ?

Répondre par l'affirmative à ces questions indique un névrosisme élevé chez une personne. Connaître leurs déclencheurs et leurs calmants sera bénéfique pour garder leur humeur sous contrôle.

Le névrosisme a une composante héréditaire à 48 %.

Comprendre ces caractéristiques et la façon dont elles influencent les gens est la clé pour une meilleure communication et pour déterminer la meilleure façon d'interagir avec quelqu'un en face de vous.

Théorie du tempérament du Dr David Keirsey

Créateur pédagogique et psychologue, le Dr David Keirsey a introduit le Keirsey Temperament Sorter qui classe les individus en quatre groupes de tempérament en fonction des modèles d'activité, des habitudes de communication, des attitudes de caractère, des talents et des valeurs - en tenant compte de l'impact de chaque personne sur le lieu de travail par rapport aux besoins personnels. .

Le Dr David Kersey déclare que la personnalité humaine peut être divisée en quatre grands groupes basés sur le tempérament. Chaque tempérament comprend son propre ensemble de forces, de faiblesses et de qualités qui caractérisent ses caractéristiques. Ces quatre tempéraments comprennent :

Artisans Ces personnes se distinguent facilement des autres par leur expertise dans des domaines créatifs comme les arts, la littérature et la poésie. Leurs actions servent d'expression de leur talent artistique tandis que leur sens de l'aventure les pousse à prendre des risques ou à être parfois spontanés.

Les gardiens occupent une position essentielle au sein de la société en coopérant avec ceux qui les entourent et en suivant les règles adoptées par les cultures traditionnelles. C'est leur dévouement qui contribue à maintenir l'ordre intact : ils constituent 40 à 45 % de la population.

Idéaliste Les personnes qui se concentrent sur la croissance personnelle et l'amélioration appartiennent probablement au groupe de tempérament idéaliste, avec un fort sentiment de loyauté envers les autres, motivées à prendre des mesures qui aident les autres et à prendre activement des mesures qui profitent à la société dans son ensemble. Entre 15 et 20 % de la population appartient à cette catégorie de tempérament.

Les rationnels, connus pour leur style de pensée pragmatique et logique, font partie des types de personnalité les plus rares et sont réputés pour leur expertise en résolution de problèmes. Cependant, une fois que quelque chose captive leur imagination, ils peuvent devenir tellement immergés qu'ils se détachent de la réalité et que les autres les perçoivent comme étranges ou distants.

Seulement 5 à 10 % de la population appartient au groupe de tempérament Rationnel. Les conseillers d'orientation utilisent fréquemment Keirsey Temperament Sorter car il aide les gens à mieux se comprendre et à les guider sur le bon cheminement de carrière.

Toutes ces théories visent à comprendre la nature humaine, ce qui motive les individus et leur réponse à certaines situations. Grâce aux connaissances accumulées par les chercheurs au fil des décennies, nous sommes mieux à même de lire les gens et d'établir des liens entre nous tous.

Comme la plupart des gens le croient, écouter n'est pas synonyme d'entendre. Les gens entrent généralement dans une conversation soit dans l'espoir d'être entendus, soit dans l'espoir de ne pas être entendus du tout - ce dernier cas nous amène souvent à accorder moins d'attention à ce que dit l'autre personne que nous le souhaitions, les deux parties ressentant notre manque d'intérêt comme étant ressenti par des deux côtés.

Écouter attentivement peut changer la donne dans les conversations et dans votre capacité à comprendre les gens. Le simple fait de prêter attention à ce que les gens disent réellement pourrait tout changer : pas besoin de deviner ce que quelqu'un pense ; Écoutez simplement attentivement lorsque quelqu'un parle si vous voulez jeter un coup d'œil dans la tête de quelqu'un ; faites plutôt plus attention lorsque quelqu'un parle ; beaucoup ne cachent pas leurs pensées et leurs opinions derrière des murs d'acier, préférant plutôt être ouverts sur qui ils sont et n'ont pas peur de vous laisser entrer si seulement vous écoutez suffisamment attentivement !

Vous ne ressentirez pas le besoin de lire dans les pensées de quelqu'un si vous pouvez interpréter avec précision ses intentions lorsque vous parlez.

Carl Rogers et Richard Farson ont popularisé pour la première fois le terme « écoute active » en 1957, et sa définition est devenue largement reconnue au fil du temps. L'écoute active et passive sont deux formes d'écoute. Pour de meilleurs résultats d'écoute, il faut privilégier l'écoute active. Pour vraiment se concentrer sur quelqu'un, il faut privilégier l'écoute active plutôt que passive.

L'écoute active nécessite une présence mentale, de la patience et la capacité d'entendre sans avoir l'impression de devoir répondre. Concentrez-vous sur la compréhension de ce que l'autre personne communique tout en résistant à toute envie de l'interrompre. Chaque fois que vous sentez que vous avez quelque chose de mieux à ajouter, décidez d'attendre. Chaque fois que nous parlons, nous manquons une opportunité de croissance. En donnant à quelqu'un un espace sûr pour s'exprimer, vous pouvez obtenir des informations précieuses. Permettez à quelqu'un d'autre de vous tenir la main pendant qu'il vous guide dans une visite intime de son esprit !

Pas besoin de deviner et de lire entre les lignes ! Laissez simplement l'autre personne parler sans interruption ni jugement - de cette façon, vous en découvrirez plus sur elle qu'avec toute autre stratégie !

Les gens adorent parler d'eux-mêmes ! Profitez de cette tendance naturelle en montrant un véritable intérêt et en posant des questions approfondies pour découvrir toutes les informations sur eux-mêmes qu'ils pourraient révéler.

Utilisez le langage corporel pour vous soutenir

Parler avec quelqu'un dont les yeux ne sont fixés sur rien derrière votre épaule n'est ni agréable ni encourageant, alors assurez-vous que votre langage corporel fait écho à votre intérêt lorsque vous communiquez. Tournez-vous vers eux, souriez fréquemment et hochez la tête fréquemment tout en maintenant un contact visuel - n'ayez pas l'air ennuyé ou désintéressé car cela deviendra rapidement évident et manquez de respect à leur égard à mesure que vous en apprendrez davantage sur leur identité.

Réduire les distractions
Il est essentiel que votre esprit reste libre de toute distraction. Pendant que quelqu'un d'autre parle, résistez à l'envie de dresser des listes mentales ou de répondre aux e-mails pendant cette conversation ; être présent. Tout ce qui peut vous distraire doit être supprimé : éloignez votre téléphone de la ligne de vue directe pour qu'il ne vous tente pas de le décrocher ou de vérifier les notifications à chaque fois qu'il sonne !

Hochez la tête avec encouragement et répondez à leurs histoires
Assurez-vous de hocher la tête de manière encourageante, de vous pencher en avant et de répondre de manière appropriée lorsque vous entendez des histoires afin de montrer que vous êtes profondément investi sans en faire trop pour avoir l'air énergique. Il existe différentes manières de démontrer que vous écoutez ; Voici quelques-uns:
* Répondez en utilisant votre corps. Par exemple, ouvrir plus grand les yeux ou serrer les poings pourrait indiquer que quelque chose ne va pas - qu'il s'agisse d'un choc, d'une surprise, d'une déception ou d'une excitation.
* Répétez leur déclaration. Par exemple, s'ils vous disent qu'ils préfèrent les carottes aux autres légumes en général, répondez quelque chose comme : « Vous voulez dire que de tous les légumes sur terre vous préférez les carottes ? Pour montrer que vous étiez attentif, répétez ce qu'ils ont dit à voix haute afin que l'autre personne sache que vous avez entendu et compris son point de vue. Cela montre votre intérêt et leur montre que vous vous souciez.
* Demandez-leur de se répéter. Même si cela peut paraître impoli, cela montre votre respect pour chaque mot qu'ils partagent et garantit que vous ne manquerez rien d'important.

Le simple fait d'écouter peut vous aider à acquérir beaucoup plus de connaissances sur les gens que n'importe quelle autre approche. Lorsque nous écoutons quand quelqu'un parle et posons des questions pertinentes, nous pouvons apprendre bien plus qu'autrement ! Montrez un véritable intérêt pour les autres et ils vous ouvriront leurs jeux cérébraux à explorer !

Êtes-vous déjà allé à un rendez-vous et vous êtes-vous déjà retrouvé à réfléchir à ce que l'autre personne pensait ou ressentait ? Idéalement, il y aurait des panneaux pour nous informer du déroulement de la réunion. Eh bien... il y en a ! Le langage corporel est un moyen inconscient d'exprimer ce que ressent une personne ; pour interpréter correctement ses signaux. Parfois, ces signaux subconscients apparaissent sans le savoir. Les recherches de l'UCLA[12] illustrent ce point ; seulement 7 % de la communication se fait par ce que nous disons (c'est-à-dire par des mots), 38 % par le ton et 55 % par le langage corporel - apprendre à interpréter ces 55 % peut donner un avantage dans la compréhension des gens.

Alors la prochaine fois que vous aurez un rendez-vous ou que vous assisterez à une réunion sociale, gardez un œil sur ces signaux subtils :

* Yeux souriants : On dit que les yeux sont la fenêtre de notre âme ; c'est certainement vrai ! Lorsque les gens sont heureux, leur sourire peut souvent échapper à sa dissimulation malgré les tentatives de le cacher, jusqu'à ce que finalement leur peau se plisse autour de leurs yeux, créant des pattes d'oie, révélant sa présence ! Parfois, les gens sourient simplement par politesse ou pour cacher de vrais sentiments. Alors si vous voulez savoir si quelqu'un sourit sincèrement, faites simplement attention à ses yeux !

*Jambes et bras croisés : Croiser les jambes et les bras forme une barrière physique contre ceux qui se tiennent devant eux et indique une résistance, même lorsque leurs paroles ou leur sourire indiquent le contraire. L'interprétation psychologique suggère que ce langage corporel indique une personne émotionnellement, psychologiquement ou physiquement éloignée de tout ce qui se trouve devant elle.

* Sourcils levés : lorsque quelqu'un lève les sourcils, cela peut indiquer une inquiétude, une peur ou une surprise. C'est difficile à faire dans une conversation informelle ; essayez de les élever tout en dégustant un café avec vos amis et vous remarquerez immédiatement la différence.

* Miroir du langage corporel : avez-vous déjà rencontré quelqu'un qui reflète votre langage corporel en inclinant la tête de la même manière ou en décroisant les jambes exactement au même moment que vous ? Cela montre qu'ils sont intéressés par ce que vous dites et qu'ils vous copient inconsciemment, sans le savoir, par respect ; si cela se produit lors d'un rendez-vous, cela pourrait être inestimable !

* Mâchoire serrée : lorsque l'on s'engage dans des situations de conflit ou de dispute, une caractéristique qui devient rapidement évidente est la mâchoire serrée, les sourcils froncés ou le cou serré d'une personne - car le fait d'être inconfortable déclenche une tension physique dans son corps qui se manifeste par des signaux de stress qui provoquent cette réaction.

* Hochement de tête exagéré : si quelqu'un répond en hochant la tête à plusieurs reprises en réponse à ce que vous dites, cela n'indique pas son accord avec ce qui est dit -

cela montre plutôt de l'anxiété de sa part et son désir de vous plaire en hochant la tête en conséquence.

Même si vous ne pouvez pas lire directement dans les pensées d'une personne, vous pouvez toujours observer son langage corporel et interpréter ses véritables sentiments. Apprendre la psychologie des gens est un parcours d'apprentissage tout au long de la vie qui ne fait que s'améliorer avec l'expérience. Déverrouiller les motivations derrière leurs actions et les corréler avec les traits de personnalité fournit des informations plus approfondies sur le fonctionnement de notre esprit et sur la manière de le démêler.

Avez-vous déjà réfléchi à l'impact de vos contributions sur une conversation ? Comprendre les gens nécessite non seulement d'observer ce que font les autres, mais également d'observer leurs actions elles-mêmes. La communication est bidirectionnelle ; pour avancer correctement, vous devez faire votre part en comprenant et en vous alignant sur ce que l'autre partie vous communique.

Personne ne peut lire avec précision les gens si vous êtes rempli de préjugés et de croyances qui vous empêchent d'avoir une vue d'ensemble. Avant de commencer à observer les autres, il est nécessaire d'acquérir une connaissance approfondie de vous-même – de la façon dont vous agissez, pensez et percevez les gens.

Cette section explore vos croyances internes pour déterminer si des préjugés ou une compréhension limitée de la nature humaine entravent la communication ou la perception des autres.

Vous vous souvenez quand Donald Trump a tweeté « Je suis un génie très stable » ? Sa réponse a suscité des critiques de la part des comédiens et des journalistes pour son manque de conscience de soi. Pourtant, la plupart des gens échouent dans ce domaine, ce qui conduit souvent à des difficultés à comprendre les autres. Même si cela peut paraître déroutant au premier abord, « chaque personne est votre miroir », donc pour comprendre pleinement un autre individu, vous devez d'abord vous comprendre pleinement ! C'est quelque chose que la plupart des gens ignorent !

Cela nous amène à notre prochaine question (c'est-à-dire comment se connaître). Eh bien, c'est un processus approfondi qui implique d'être brutalement honnête avec vous-même - parfois cela peut sembler facile ou facile, mais parfois ce défi devient le plus grand de toute votre vie ! Par exemple, notre colère ou nos explosions émotionnelles peuvent parfois sembler justifiées parce que d'autres personnes les ont déclenchées ; Pourtant, il est de notre responsabilité en tant qu'individus de contrôler nos réactions au lieu de les blâmer.

Les angles morts sont définis comme des traits visibles pour les autres mais invisibles pour nous-mêmes. Un psychologue nommé Simine Vazire a mené une expérience pour tester cette théorie.[13] Il a demandé aux participants de s'évaluer eux-mêmes et quatre amis sur divers traits tels que l'intelligence, la stabilité émotionnelle, l'affirmation de soi et la créativité pour voir qui pouvait prédire le plus précisément qui prédisait le mieux la personnalité et les traits de chaque personne : soit eux-mêmes, soit leurs amis. L'objectif était de déterminer lequel prédisait la personnalité avec le plus de précision.

Les résultats ont révélé que les gens étaient plus conscients de leur propre stabilité émotionnelle que de celle de leurs amis, par exemple lorsqu'ils parlent en public ou à quel point ils semblent stressés lorsqu'ils s'expriment dans des discussions de groupe. Les amis pouvaient mieux comprendre si un candidat assertif participait ou prédisait ses performances aux tests de créativité ou de QI.

Votre capacité à comprendre votre bande passante émotionnelle se manifeste par sa plus grande visibilité pour les autres qu'elle ne le serait autrement.

Des traits de caractère plus visibles pour les autres que pour vous-même peuvent vous rester mystérieux. Chanter dans un bar karaoké nécessite de convaincre vous-même et ceux qui vous écoutent que votre talent existe, mais ces auditeurs sont les mieux placés pour évaluer votre style de chant et votre gamme vocale.

Les gens ont tendance à surestimer leur intelligence, ce schéma étant plus fréquemment observé chez les hommes que chez les femmes. Les gens ont également tendance à surestimer leur générosité, car la générosité est considérée comme un trait admirable. Les gens croient également à tort qu'ils ne sont pas partiaux ou qu'ils ne portent pas de jugement, car qui admettrait de telles allégations contre eux-mêmes ?

Comment pouvez-vous clarifier cette vision floue de vous-même et vous voir clairement dans le miroir ? Chaque fois qu'un aspect de vous-même est difficile à accepter, demandez de l'aide à vos proches pour vous tendre un miroir. Les amis, les parents ou les partenaires amoureux ont tendance à mieux comprendre qui vous êtes vraiment que quiconque ; pourtant, leur impression peut également être obscurcie en raison de l'amour ou des préjugés qu'ils ont contre vous.

Vos VITALS constituent votre personnalité ; les comprendre. Ceux-ci inclus:

Les valeurs (V), les intérêts (I), le tempérament (T), les activités et objectifs 24 heures sur 24 (ATC), la mission et les objectifs de vie (LMG) sont importants pour une vie réussie.

S - Compétences/Forces

Reconnaître vos valeurs – comme aider les autres, être honnête, être gentil – constitue la base pour prendre des décisions importantes dans la vie et fixer des objectifs. Connaître vos valeurs vous permet de continuer lorsque les temps sont durs et de maintenir une motivation élevée ! Il s'est avéré que les écrire dans un journal ou un journal intime motive les actions entreprises vers la conscience de soi ! Connaître tes valeurs !

* Lorsque vous prenez des décisions, vous fiez-vous à vos sentiments ou à des faits ? * Comment rechargez-vous vos réserves d'énergie - extravertie ou introvertie ? * Planifiez-vous tout méticuleusement ou suivez-vous le courant ? * Les détails sont-ils plus importants pour vous ou les idées plus vastes ?

Comprendre vos réponses à de telles requêtes vous permettra de vous placer intuitivement dans des situations qui favoriseront la croissance tout en évitant celles qui la limitent. Lorsque votre personnalité s'aligne sur son environnement, l'énergie est utilisée pour des projets productifs plutôt que d'être gaspillée et vous vous sentez moins épuisé qu'avant.

Biorythmes ou activités 24 heures sur 24 : Ici, l'accent doit être mis sur vos biorythmes ou activités 24 heures sur 24, par exemple quand ressentez-vous votre niveau d'énergie maximal : le matin ou à midi ? L'harmonisation avec votre biologie vous permet de planifier les activités au moment où elles vous rapporteront le plus de bénéfices ; souvent, ces caractéristiques sont présentes depuis la naissance – il s'agit simplement de les reconnaître et d'agir en conséquence.

Combiner les fréquences biologiques avec des activités apporte des expériences enrichissantes, rendant la vie beaucoup plus simple lorsque vous ne prétendez pas être quelqu'un que vous n'êtes pas !

La vie devient plus heureuse et plus significative lorsque nous comprenons les missions et les objectifs de notre vie. Si vous ne savez pas comment procéder, repensez aux événements qui ont été particulièrement significatifs dans votre vie, en examinant leurs causes : s'agissait-il de personnes que vous avez rencontrées là-bas ou simplement du sentiment que vous avez ressenti ? Cet exercice peut révéler des aspects cachés de votre personnalité ainsi que découvrir ce qui motive vos décisions de carrière ou d'autres aspects.

Une fois que vous savez où vous voulez aller dans la vie, il est plus facile d'évaluer si vous possédez les outils ou les forces nécessaires pour atteindre vos objectifs de vie. Ceux-ci peuvent inclure des talents, des capacités ou des compétences ainsi que des forces de caractère telles que l'intelligence émotionnelle, la résilience et la loyauté, etc.

Reconnaître ses forces et ses capacités renforce la confiance en soi ; ne pas en avoir conscience entraîne une baisse de l'estime de soi.

Pour mieux comprendre vos points forts, soyez à l'écoute des compliments mais restez modeste lorsque vous les acceptez ! Par exemple, si quelqu'un vous dit qu'il aime votre voix apaisante, profitez-en pour perfectionner ce talent et chanter plus souvent ! De plus, soyez attentif à vos éventuelles faiblesses afin qu'elles ne nuisent pas à votre confiance en vous et ne nécessitent pas de mesures correctives.

Une fois que vous serez plus conscient de vous-même et que vous vous comprendrez (c'est-à-dire vos traits de personnalité, vos forces, vos faiblesses et vos déclencheurs), vous vous sentirez plus autonome en sachant que vous pouvez utiliser ces connaissances non seulement pour votre croissance personnelle, mais également pour mieux comprendre votre entourage. toi. En vous connaissant mieux, vous saurez où tracer les limites et quels déclencheurs doivent être évités pour ne pas perturber la paix mentale : autant de compétences essentielles pour se donner à 100 % sans se sentir épuisé !

La connaissance, c'est le pouvoir ; la connaissance de soi peut apporter la paix.

Comprenez vos préjugés et vos limites

Il y a de fortes chances que vous ayez entendu des histoires de préjugés selon lesquels une personne a été écartée pour un emploi ou ciblée par les forces de l'ordre en raison de sa race, de son sexe ou de sa nationalité. Notre perception naturelle de ces personnes est qu'elles sont mauvaises parce qu'elles ont des préjugés envers certains groupes ; mais la plupart ne réalisent pas que les chercheurs en sciences du cerveau et en psychologie affirment que les préjugés ont tendance à être des processus subconscients qui influencent toujours les interactions avec les autres et contribuent aux injustices sociales dans la société.

Ce comportement devient plus évident lorsque vous interagissez avec des personnes extérieures à votre cercle social immédiat en faisant preuve de préjugés (biais émotionnels), de discrimination (biais comportementaux) et de stéréotypes (biais cognitifs). De tels préjugés peuvent être inconscients (c'est-à-dire automatiques et ambivalents) ; ils peuvent également avoir été encouragés par la société dans son ensemble ; l'éducation a une énorme influence. Vous pouvez développer la conscience de votre pensée inconsciente et identifier comment elle vous influence au quotidien.

Comment se forment les préjugés et les préjugés, et que peut-on faire à leur sujet ? Lorsqu'on examine ces questions, il faut d'abord se concentrer sur l'origine des préjugés et des préjugés, puis sur les moyens d'atténuer leurs effets. Notre esprit a tendance à catégoriser et à séparer les informations en sections distinctes, ce qui conduit à ce comportement. Lorsque vous formez des associations dans des circonstances sociales en stockant, traitant et appliquant des connaissances sur autrui, connues sous le nom de cognition sociale ; des préjugés implicites apparaissent lorsque notre cerveau recherche des modèles pour établir des connexions – ce qui nous ramène directement aux préjugés implicites !

Les préjugés implicites résultent de la tendance de notre cerveau à prendre des raccourcis pour tenter de simplifier la vie. Étant donné que la surcharge d'informations peut rendre le traitement des données fastidieux et long, les raccourcis mentaux nous permettent de tout parcourir plus rapidement et de trouver les informations pertinentes.

Bien que changer les préjugés et les préjugés des autres soit un défi, en identifiant vos préférences personnelles, vous pouvez contribuer à les réduire et aider les autres à comprendre comment leurs préjugés influencent leur jugement et leurs actions envers les autres.

Commençons par la fondation. Avant tout, reconnaissez que chaque personne est un individu doté de qualités, de forces et de faiblesses individuelles qui ne peuvent être catégorisées. Par conséquent, prenez le temps d'apprendre à connaître les gens de manière intime et évitez de catégoriser ou de stéréotyper les gens sur la base de stéréotypes ou de préjugés. Si votre réaction envers quelqu'un est due à une telle réaction, changez immédiatement votre comportement pour éliminer ces croyances préjudiciables ; même si parfois les réponses peuvent arriver rapidement ; prenez le temps après avoir agi pour réfléchir et envisager d'autres options avant d'agir à nouveau d'une certaine manière.

Le changement de perspective est également essentiel pour changer de mentalité. En voyant les choses du point de vue des autres, cela vous met à leur place et vous aide à comprendre d'où ils viennent, comment ils pensent et leurs expériences. Faire cela peut également susciter de l'empathie en vous - une fois que ce sentiment apparaît, vous y réfléchirez naturellement à deux fois avant de porter un jugement à leur sujet.

S'engager avec de nouvelles cultures, ethnies et races est également bénéfique pour élargir votre perspective. En accordant plus de temps et d'attention aux personnes de ces groupes, vous ressentirez instantanément un sentiment d'appartenance qui empêchera tout préjugé à leur encontre.

Outre le yoga et la méditation, les pratiques de pleine conscience telles que la respiration ciblée ou la méditation yoga ciblée permettent également aux individus de prendre conscience d'eux-mêmes et de prendre le contrôle de leurs pensées et de leurs actions.

Les préjugés personnels, les préjugés et les limitations peuvent être gênants car ils vous empêchent de voir les gens au-delà d'un cadre particulier, ce qui conduit à leur tour à une mauvaise compréhension d'eux. Mais du côté positif, avoir l'esprit ouvert et être conscient de ces restrictions vous permettra de travailler à les éliminer ou au moins à les diminuer - non seulement cela améliorera votre lecture des gens, mais cela élargira davantage votre esprit et encouragera le développement personnel.

Vous êtes-vous déjà retrouvé dans une impasse, ne sachant pas quelle direction prendre ? Après avoir dressé des listes exhaustives des avantages et des inconvénients des différentes options qui s'offrent à vous, vous n'arrivez pas à prendre une décision ? Chaque option pose des obstacles différents, vous laissant incertain de la meilleure façon d'avancer.

Dans ces circonstances, il est important de faire un inventaire honnête de vous-même et d'identifier vos véritables désirs. Mais si ce processus ne vous vient pas naturellement et que la pression vous pousse à agir de manière impulsive ou à vous conformer à un comportement qui plaît aux autres, les résultats pourraient être dévastateurs !

L'intuition peut être votre amie dans les moments difficiles. Certains appellent cela l'intuition ; d'autres y font référence comme étant leur intuition, leur voix intérieure ou leur intuition ; quel que soit le nom qu'on lui donne, l'intuition vous guidera sur des chemins de vie difficiles en vous indiquant quand la décision correspond à votre cœur.

Cependant, de nombreuses personnes ont du mal à reconnaître leur intuition. En effet, nos obstacles internes nous gênent souvent, tels que la réflexion excessive, la recherche d'approbation, les préjugés implicites indispensables et les traumatismes passés qui nous empêchent d'y puiser. Pour surmonter ces obstacles, il faut une conscience de soi et la capacité d'identifier ce qui motive vos décisions ; lorsque cela est atteint, une forte réflexion intuitive s'ensuit, conduisant à des décisions qui nous profitent en tant qu'individus et à prendre soin de choisir des décisions qui nous servent bien.

Des personnalités connues telles qu'Henry Ford sont d'excellents exemples de ceux qui s'appuient sur leur intuition. L'un de ces individus s'est produit en 1914, lorsque Henry Ford a été confronté à une demande en baisse et à un roulement de personnel élevé dans son entreprise. Au lieu de suivre les conseils conventionnels et d'augmenter les salaires des employés de 50 %, il a pris une décision audacieuse et les a doublés, ce qui a entraîné une diminution des taux de rotation et un plus grand nombre de travailleurs s'offrant une voiture pour eux-mêmes et, finalement, une nouvelle hausse de la demande.

Albert Einstein était un autre scientifique remarquable qui a ignoré les théories traditionnelles de la physique en raison de son intuition. Il a admis qu'il croyait aux inspirations et aux intuitions et qu'il était convaincu d'avoir raison même s'il n'en était pas sûr. Lorsque des scientifiques financés par la Royal Academy ont mené des expériences testant la théorie de la relativité d'Einstein, il était certain de leur succès - ce n'est donc pas une surprise lorsqu'une éclipse le 29 mai 1919 a prouvé sa théorie !

Paul McCartney s'est fortement appuyé sur son intuition pour créer "Yesterday". Selon lui, il rêvait d'écrire quelque chose qui deviendrait extrêmement populaire, mais il était terrifié à l'idée que son contenu puisse différer de celui prévu. Pourtant, il avait toujours confiance en lui et s'appuyait sur son intuition qui le conduisait finalement vers le succès et ce qu'il considérait comme « l'expérience la plus magique ».

Alors, qu'est-ce que l'intuition exactement ? Un point clé à retenir concernant l'intuition est qu'elle manque de logique ; au lieu de cela, il s'appuie sur des instincts émotionnels, des expériences ou d'autres facteurs pour prendre des décisions. De plus, l'intuition peut être divisée en trois catégories différentes.

* Perspicacité et cohérence : ce domaine concerne l'intelligence (QI) et implique de réaliser quelque chose sans en comprendre la source.

L'intuition subjective fait référence à l'illusion de savoir quelque chose, souvent utilisée par des types intellectuellement curieux et résolvant des énigmes. * L'apprentissage implicite fait référence à la connaissance de quelque chose en captant des schémas cognitifs.

L'intuition repose sur la mise en correspondance de modèles d'expériences passées avec ceux de situations présentes, les informations étant traitées à la fois consciemment et inconsciemment par votre cerveau. Votre intuition extrait ensuite ces pensées et schémas de votre partie inconsciente du cerveau et les applique directement dans le scénario actuel – cela conduit à des décisions plus rapides et plus décisives.

Les capacités prédictives du cerveau entrent en jeu en faisant correspondre ou non les connaissances cachées qui n'ont pas atteint la conscience avec les expériences actuelles.

Pourquoi en avons-nous fait une conférence sur l'intuition ? Tout simplement parce qu'une fois que vous aurez compris son fonctionnement et son effet sur la prise de décision, vous pourrez peut-être la différencier des réponses émotionnelles induites par la peur et utiliser ses connaissances pour prendre des décisions de vie plus efficaces.

Non seulement vous pouvez identifier votre intuition, mais vous pouvez la renforcer davantage grâce à divers exercices.

Une introspection délibérée aide à accroître la conscience de soi et à reconnaître vos priorités. Les personnes qui s'engagent régulièrement dans l'introspection explorent leurs sentiments, où ils les affectent et où se situent leurs réponses émotionnelles. Les personnes qui s'introspectent régulièrement n'ont pas peur de ressentir leurs émotions ; ils prennent plutôt l'habitude de demander : « Qu'est-ce que je ressens à ce sujet ? » afin d'identifier et de faire confiance à leurs émotions.

Les individus très intuitifs sont connus pour être ouverts et honnêtes avec eux-mêmes, sans se cacher derrière une façade assumée, réfléchissant à leurs besoins et désirs plutôt que de se laisser piéger par des « obligés ». Leur point de vue est guidé par des valeurs qui aident à maintenir l'équilibre en eux-mêmes et à garder l'intuition sous contrôle.

Rechargeant leur énergie, ils recherchent de temps en temps la solitude afin de se ressourcer et de réfléchir intérieurement. La solitude peut prendre la forme de promenades tranquilles dans les parcs et les forêts, de siroter un café au bord d'un foyer ou de s'asseoir au bord de la mer en regardant le coucher du soleil - toute activité qui leur permet d'entendre leur voix intérieure tout en se donnant de l'espace pour respirer.

L'empathie est une autre caractéristique que l'on retrouve couramment chez les personnes intuitives. Leur capacité à se mettre à la place des autres et à ressentir comment quelqu'un d'autre pourrait vivre un événement fait d'eux la personne de référence pour beaucoup d'autres. Leur intuition les rend curieux de comprendre à quel point on se sent proche ; non pas par curiosité mais par volonté d'établir des liens forts entre les individus ; Plus un empathe intuitif fait la connaissance de quelqu'un, plus il lui devient facile de prédire l'humeur de cette personne et de comprendre ses besoins et ses émotions. Leurs sens captent des indices tels que le langage corporel et les interactions sociales qui les aident à comprendre plus précisément ce que les individus attendent de leur entourage en termes de langage corporel ou d'interactions sociales qui aident à relier les points afin de comprendre ce que chacun a besoin d'eux et de comprendre. ce que les gens attendent des autres en termes de langage corporel ou d'interactions sociales, ce qui aide les empathes intuitifs à ressentir également ce que chacun a besoin d'eux.

L'intuition peut être une ressource puissante qui peut vous aider à échapper à des situations néfastes et vous guider vers celles qui vous apporteront un plus grand épanouissement. Grâce à ses réponses instantanées et à ses capacités d'ouverture des capacités mentales, l'intuition nous aide à prendre des décisions rapides et éclairées. Reconnaissez les situations où l'intuition émerge le plus facilement pour que vous puissiez exploiter plus pleinement cette ressource. Recréez de tels moments pour maximiser sa puissance.

Vivre dans la société d'aujourd'hui façonne nos actions, nos pensées et nos personnalités de plusieurs manières ; rester fidèle à soi-même tout en naviguant dans cette vie peut être un défi ; Pourtant, être authentique vous aide à libérer votre plein potentiel et à réaliser votre plein potentiel.

Quand quelqu'un vous demande comment vous allez, comment devez-vous répondre ? Êtes-vous enclin à supposer qu'ils s'en moquent et à donner une réponse peu sincère comme « Je vais bien » ? Ou devriez-vous envisager de répondre honnêtement à ce que vous ressentez réellement ? La plupart des gens choisissent cette dernière approche, car révéler leur véritable état entraînera d'autres conversations sur eux-mêmes que beaucoup préfèrent éviter.

Idéalement, les gens n'auraient pas peur de s'exprimer librement et de porter des masques au lieu de se fermer aux autres. Malheureusement, lorsque nous portons nos masques trop longtemps, ils deviennent difficiles à enlever, ce qui nous amène à devenir quelqu'un que nous ne sommes pas et même lorsque nous sommes seuls, nous commençons à penser à la façon dont les autres nous voient et à ce que les autres peuvent penser de nous.

Svend Brinkman, un psychologue danois, a noté que les gens s'attendent souvent à ce que les autres et eux-mêmes paraissent toujours heureux et positifs ; cependant, cela peut avoir des effets secondaires négatifs. Même si être positif peut être positif en soi, paraître heureux à tout moment peut impliquer de cacher ses vrais sentiments afin de plaire aux autres en paraissant positif[14].

Personne ne peut rester heureux et optimiste tout le temps. En prétendant que tout va bien alors que ce n'est pas le cas, vous cessez de vous affirmer et commencez à vous éloigner de qui vous êtes vraiment. Reconnaître les émotions négatives incite à réfléchir sur ce qui les a provoquées et sur les événements qui auraient pu contribuer à leur manifestation ; une fois trouvé, des efforts doivent être faits pour le résoudre ; Le simple fait de cacher les problèmes ne fera qu'augmenter leur gravité avec le temps et devenir ingérable.

Comment pouvez-vous commencer à devenir votre vrai moi ?

Apprenez à être vulnérable

Être fidèle à soi-même, c'est être capable de demander ce dont on a besoin et de l'exprimer verbalement. Exprimer des sentiments par la parole nous permet d'exprimer nos besoins et nos désirs, comme dire à quelqu'un « ce n'est pas grave de ne pas aller bien ». Ignorer un aspect de vous-même pourrait signifier en supprimer une autre partie ; Être soi-même signifie accepter toutes les parties de soi – les parties nécessiteuses comme les parties autosuffisantes !

La vulnérabilité donne aux autres moins de pouvoir pour mettre en évidence vos défauts ou vos faiblesses ; une fois conscients, les autres ne peuvent pas les utiliser contre vous.

Prenez le temps d'observer comment vous agissez lorsqu'il n'y a personne ; quelles actions plaisent aux autres ou à vous-même ? Devenir le meilleur de vous-même ne dépend pas de votre réussite ou d'un statut élevé ; cela implique plutôt de développer le caractère à travers la façon dont vous vous comportez lorsque personne n'est présent.

Pour réaliser la vie que vous souhaitez, il est impératif que vous soyez fidèle à qui vous voulez être. Beaucoup adoptent une approche de « faire semblant jusqu'à ce que vous y parveniez », mais cela peut devenir un défi si la passion et la volonté de vivre de manière authentique font défaut. Un caractère fort contribue à développer une résilience qui nous permet d'atteindre plus facilement les destinations souhaitées.

Le caractère est défini par la façon dont vous réagissez dans une situation donnée plutôt que par la façon dont vous devenez victime de ce qui vous arrive. Faire ce qu'il faut face à des obstacles fait partie de ce concept ; un autre aspect consiste à faire des efforts pour les surmonter afin de prouver aux autres que vous pouvez résister à tout ce qui se présente à vous. Prendre sa vie en main signifie ne pas s'excuser des choix et des actions effectués, rester optimiste même dans les moments difficiles et devenir le meilleur de soi-même afin de créer la vie que vous envisagez pour vous-même.

Mais comment identifier ce que vous désirez vraiment ? Malheureusement, le succès, le statut ou la richesse n'apportent pas toujours le bonheur ou la satisfaction - notre désir d'objectifs matérialistes vient du fait que nous ne croyons pas que nous sommes suffisants.

Le besoin des humains de se sentir « suffisamment » tels qu'ils sont est ce qui motive beaucoup d'entre eux à acheter des choses chères et à dîner dans des restaurants luxueux. Votre ego commence à vous dire d'être quelqu'un que vous n'êtes pas seulement pour prouver votre valeur aux autres ; mais cela ne reflète pas une véritable compréhension de l'estime de soi.

L'ego peut supprimer notre moi authentique avec sa quête incessante de valeur et d'amour-propre, donc pour combler ce vide, nous le nourrissons en recherchant la richesse ou le statut.

Reconnaître que vous êtes suffisant sans toutes les fioritures matérialistes est la clé pour réaliser qui vous êtes vraiment et créer la vie que vous envisagez pour vous-même. En croyant cela profondément en vous-même, vous pouvez vous connecter avec qui vous êtes vraiment et vous façonner une existence épanouissante.

En acceptant et en reconnaissant qui vous êtes vraiment, vous envoyez le signal que vous êtes prêt à vous engager sur le chemin tracé par l'univers, à surmonter tous les défis qui se dressent sur votre chemin et à devenir une personne heureuse et satisfaite.

Sommes-nous en train de lire (juger) trop fort ? Il y a quelques jours, alors que je faisais la queue pour entrer dans ma salle de sport pour ma séance d'entraînement du soir, j'ai entendu deux femmes discuter d'un autre membre de la salle de sport qu'elles connaissaient sous le nom de "grosse** Judie". L'une d'elles a dit quelque chose comme : "Je me demande si elle est là ce soir...".

"Ouais, elle est là. Jésus, c'est vraiment une cervelle."

Quand leur tour est venu, les deux femmes sont entrées dans le gymnase en se moquant de Judie pour se divertir. Il s'agissait de femmes adultes dont la source de divertissement résidait dans la critique de quelqu'un qui traitait les problèmes d'une manière différente de la sienne.

Des événements comme ceux-ci nous rappellent que le jugement est une émotion désagréable. Malheureusement, le jugement vous définit souvent plus que quiconque ; le vôtre provient souvent de faiblesses intérieures.

L'une de ces situations vous semble familière ? "Pourquoi l'Instagram de cette fille a-t-il plus de followers que le mien, même si ses photos semblent avoir été prises par une élève du primaire ?" Cela implique que vous souhaiteriez que votre compte ait plus d'abonnés, tout en ne vous sentant pas en sécurité.

"Ce type a toujours l'air heureux et gentil ; ça doit être faux !" Cela montre votre jalousie quant à sa capacité à se connecter avec les gens et souhaite que votre vie soit aussi satisfaisante que la sienne ; cependant, plutôt que de travailler à vous améliorer personnellement, vous jugez et étiquetez les autres.

"Il pense qu'il est si important à cause de sa voiture et de sa maison chères ; comme c'est superficiel !" Vos lèvres le disent, alors que votre cœur sait le contraire ; cependant, ce que vos lèvres expriment peut en réalité signifier que tout ce luxe vous fait souhaiter de vivre un style de vie différent, plutôt que de vous sentir constamment fauché.

Regardez autour de vous et essayez d'identifier toute personne qui semble avoir confiance en elle tout en jugeant sévèrement les autres. Il y a de fortes chances qu'il n'y ait personne comme ça parce que vos jugements révèlent des faiblesses, des insécurités et des points faibles que vous essayez de cacher à la société.

L'une des raisons pour lesquelles nous jugeons si facilement les autres est que nous faisons la même chose envers nous-mêmes : tous les chemins nous ramènent à « nous ».

Que pouvez-vous faire si vous vous retrouvez à lire et à juger les autres trop durement ? Même si s'arrêter complètement peut sembler idéaliste, ce n'est tout simplement pas possible. Il existe cependant un moyen efficace de se surprendre avant de se transformer en monstre de jugement sans scrupules : prenez note lorsque vous lisez ou jugez quelqu'un et arrêtez-vous avant de le devenir !

Reste curieux. Le jugement entrave la pensée rationnelle et vous empêche de comprendre les gens ou les situations ; ces convictions proviennent souvent d'informations limitées.

La curiosité nous laisse ouvert à la possibilité que la situation puisse être plus complexe ; quelque chose en coulisses que vous n'observez pas.

Dès que quelqu'un agit de manière étrange ou contre vos préférences, posez-vous cette simple question : « Est-ce qu'il se passe quelque chose avec cette personne que je ne peux pas voir ? Cette approche peut sembler évidente, mais elle servira à vous rappeler qu'il se passe souvent plus de choses qu'il n'y paraît.

Porter un jugement sur les gens peut être facile et peut même sembler satisfaisant ; cependant, rester curieux nécessite de l'intelligence émotionnelle, de la maturité et de la maîtrise de soi.

Avant de porter un jugement instantané sur quelqu'un, arrêtez-vous et réfléchissez avant de prononcer ou d'envoyer des mots méchants. Les mots ne reprennent pas, une fois prononcés, ils laissent une impression percutante qui peut durer toute une vie ! Mettez-vous à leur place pour comprendre leurs intentions ; transformez les schémas de pensée négatifs en schémas constructifs afin de pouvoir combattre la négativité de l'intérieur – puis éliminez sa source !

Une partie intégrante de la croissance et du développement personnels consiste à prendre conscience de nos propres défauts, à changer nos habitudes pour devenir des individus plus positifs et plus matures, tout en acceptant les autres sans jugement ni critique dans le cadre de ce voyage.

Comme indiqué dans la deuxième partie, il est important de comprendre ce qui motive les autres ; mais il est tout aussi essentiel à votre bonheur et à votre bien-être d'identifier et de comprendre ce qui VOUS anime dans la vie. En restant vous-même inspiré et motivé, vous trouverez l'énergie et le dynamisme qui peuvent alimenter le bonheur en vous et se propager à ceux qui vous entourent - un peu comme remplir un puits vide ne peut pas apporter de soulagement !

La motivation interne peut provenir de plusieurs sources, notamment l'indépendance financière, les bienfaits pour la santé, la stabilité ou l'épanouissement personnel. Chaque individu est unique dans sa motivation ; C'est pourquoi certains s'épanouissent davantage dans un travail axé sur les tâches ou les compétences tandis que d'autres restent dans les emplois de service - ces facteurs déterminent la voie que l'on choisit.

1. Motivation intrinsèque : activités que vous aimez pratiquer pour elles-mêmes, comme étudier le journalisme policier parce que regarder des documentaires policiers et lire des romans policiers vous l'ont inspiré.

2. Motivations définies : activités dans lesquelles vous vous engagez et qui vous rapprochent de la réalisation de vos objectifs ; par exemple, étudiez le journalisme policier si votre objectif est de travailler comme agent des forces de l'ordre.

Des études menées pour explorer les effets de la motivation intrinsèque et identifiée sur le bonheur et le bien-être des enfants ont montré que les enfants intrinsèquement motivés à apprendre davantage étaient psychologiquement dans un meilleur état, quelles que soient leurs notes.[15]

Une fois que vous avez compris quelle motivation motive quelles actions, la prochaine étape devrait consister à identifier ce qui VOUS motive. Faire une auto-évaluation et être honnête sur comment et pourquoi vous êtes devenu ce que vous êtes maintenant peut vous aider à identifier ce qui VOUS motive - puis à élaborer un plan d'action pour arriver là où vous aimeriez être dans la vie.

Les experts conseillent que lorsque vous essayez d'identifier la motivation, il est utile de vous rappeler les moments où vous vous êtes senti le plus vivant et désireux d'accomplir quelque chose. Réfléchir aux tâches qui ont eu un taux d'engagement particulièrement élevé peut révéler où se situent vos passions.

Rappelez-vous ces cas et réfléchissez à ce qui a conduit à votre sentiment d'accomplissement ou d'enthousiasme, puis explorez leurs causes en comprenant pourquoi les choses se sont produites de cette façon. En répondant à cette question, cela peut aider à identifier les facteurs de motivation. Voici quelques questions que vous pouvez vous poser pour les identifier :

* Qui envisagez-vous de devenir dans deux à trois ans ?

Comment cette personne se comporterait-elle ? Si l'argent et les ressources n'étaient pas un problème pour vous, qui aideriez-vous par générosité d'esprit ? Où aimeriez-vous faire une déclaration percutante sur ce qui vous intéresse ou vous motive ? * Quels passe-temps et activités vous rendent heureux ?

* Quelles qualités devez-vous développer pour devenir la meilleure version de vous-même et créer la vie que vous envisagez ?

Répondez aux questions suivantes pour découvrir vos inspirations et mener une vie qui reflète vos valeurs et vos croyances.

Une étape importante vers la motivation consiste à affronter la peur. La peur nous empêche d'avancer ; cela entrave le mouvement, nous amène à douter de nous-mêmes à chaque instant et nous conduit sur un chemin de prudence inutile. Malheureusement, nos peurs naissent parfois de l'imagination plutôt que d'une évaluation précise des risques ; Même si l'enthousiasme éclipse la peur, afin de poursuivre votre tâche plus loin, il y aura toujours des parties de nous-mêmes qui voudront se protéger des influences extérieures et se retenir pour assurer notre sécurité.

Pour sortir de cette situation, il est nécessaire d'affronter ses peurs de front et de les surmonter. La première étape devrait être de les reconnaître en parlant à voix haute ; en les reconnaissant à haute voix, leur pouvoir sur vous peut lentement diminuer. Posez-vous ces questions :

* Quelles sont les chances que ce que vous craignez se produise ?

Et pourquoi avez-vous peur que cela se produise ?

En les affrontant de front, vous pourrez découvrir quelles peurs sont réelles et lesquelles sont imaginaires. Vos craintes indiqueront également où il peut y avoir des lacunes à combler avant d'atteindre votre destination et des stratégies de gestion des risques doivent être mises en place. Une fois que ces craintes ont été traitées directement, il devient beaucoup plus simple d'évaluer ce qui motive et freine le progrès plus rapidement - des connaissances qui vous permettront d'atteindre plus rapidement les objectifs souhaités.

La conversation est un moyen efficace et sans effort d'établir des liens, d'échanger des pensées et de développer une compréhension mutuelle entre les personnes. Ces interactions doivent être agréables et donner un aperçu de la personnalité et des préférences des individus ; grâce à eux, nous développons de l'empathie, nous nous sentons compris et nous écoutons - créant des expériences mémorables et une croissance durable tout au long de notre vie.

Cependant, pour profiter de ces avantages de la « conversation », vous devez atteindre un point où les gens désirent converser avec vous – cela signifie retenir sans effort votre attention, commander la pièce et briller dans des situations sociales ou professionnelles.

Ces capacités sont-elles inhérentes ou peuvent-elles être développées grâce à une formation et une pratique spécifiques ?

Voici les informations privilégiées : vous pouvez cultiver ces capacités en vous positionnant comme une personne intéressante, cultivée et bien informée.

Chaque être humain aspire à être intéressant ; c'est une vérité incontestable. Même quelqu'un qui n'est pas à l'aise d'être à l'avant-garde voudra quand même paraître intéressant et éviter d'être qualifié d'ennuyeux ! Être intéressant mène à l'influence et aux opportunités ; en comprenant ce qui motive une personne intéressante, vous pourriez le devenir vous-même et devenir influent au sein de votre cercle d'influence.

Comment peux-tu faire ça?

Commencez par être inclusif. N'essayez pas d'être « cool » en méprisant les autres – cela ne fera que miner davantage votre crédibilité. Soutenez les gens au lieu de les sous-coter : cela fait meilleure impression !

Si vous voyez quelqu'un lors d'une fête ou d'un bar tenant son verre tout en cherchant quelqu'un avec qui parler, ne l'ignorez pas ; essayez d'engager une conversation afin qu'ils se sentent vus et inclus. Mentionnez peut-être quelque chose à leur sujet que vous avez appris lors d'une de vos conversations passées ; cela leur montrera également que vous avez écouté lorsque vous parlez avec cette personne. Établissez-vous comme un bon auditeur afin qu'ils vous perçoivent comme intrigant.

S'il est agréable d'être au centre de l'attention, être humble est également essentiel. Des études montrent que les gens aiment passer du temps avec ceux qui font preuve d'humilité. Puisque ce terme peut varier considérablement selon le contexte, utilisons comme définition : respecter les opinions et les perspectives des autres comme étant humble - cela montrera à quelqu'un qu'il compte !

Attention à ne pas confondre humilité et manque de respect de soi ou d'affirmation de soi ; être humble n'exige pas un comportement d'autodérision qui donne à quelqu'un le sentiment d'être spécial. Soyez humble en reconnaissant vos capacités et ce qu'ils peuvent ou ne peuvent pas faire ; même quelque chose d'aussi simple que de dire : « Je ne connais pas encore la réponse, mais je vais faire des recherches et je vous répondrai » ou admettre « Je ne connais pas ce sujet ; pouvez-vous m'en dire plus ? peut faire preuve d'humilité.

Évitez de vous laisser intimider en montrant que vous avez un esprit ouvert de débutant ! Une autre stratégie efficace pour faire avancer les conversations consiste à faire preuve d'une véritable générosité, car cela provoque une réponse psychologique de réciprocité de la part des autres. Nous ne parlons pas de gestes matérialistes comme acheter des cadeaux ou de la nourriture ; ayez simplement des conversations ouvertes, faites des compliments librement ou demandez à quelqu'un comment il se sent sans le demander par simple formalité !

En étant généreux de votre temps et de votre attention, vous découvrirez que les autres s'intéressent davantage à vous. Ils apprécieront de savoir que vous n'êtes pas là uniquement pour tirer des avantages matériels de leur présence.

Soyez généreux en disant « oui ». Si vous possédez une expertise ou des idées spécifiques concernant un domaine de préoccupation pour les autres, utilisez-les librement sans considérer ce qui reviendra en retour.

Être intéressant et utile vous permettra de gagner les faveurs des autres et d'établir des relations durables. En suivant les pratiques de conversation mentionnées ici, il deviendra facile de devenir un sujet d'intérêt pour la conversation.

Avez-vous fait l'expérience de longues pauses et de regards maladroits qui ont rendu la conversation inconfortable

Tout le monde connaîtra à un moment donné de longues pauses et des regards gênés au cours des conversations qui nous mettront mal à l'aise, c'est alors que nous réaliserons l'importance de poursuivre le dialogue ; également connu pour garder les gens investis dans leurs discussions.

Voici comment procéder : trouver un intérêt commun. Les gens varient considérablement en ce qui concerne leurs intérêts et leurs priorités ; trouver quelque chose en commun aide à construire des ponts entre vous. Une fois que vous avez trouvé quelque chose de similaire entre deux personnes, notez tout ce que vous trouvez intéressant à ce sujet (pour démarrer la conversation). Parcourez cette liste plusieurs fois pour qu'elle reste facilement dans votre mémoire lorsque des points de conversation surgissent dans ce domaine - puis revenez-y si nécessaire ! De plus, notez les sujets de conversation sur des sujets qui vous concernent tous les deux afin qu'il n'y ait jamais de fin à la discussion !

Les sujets intéressants incluent le football, le dernier gadget introduit sur le marché, regarder un film ou lire un livre que vous avez trouvé agréable ou entendre les commentaires de Donald Trump qui vous ont fait rire aux éclats.

N'hésitez pas à poser des questions ouvertes lorsque vous êtes à court de mots : une enquête ouverte nécessite plus qu'une réponse « oui/non » et ne manquera pas de susciter la conversation entre les parties concernées.

Des exemples de sujets pourraient inclure : Un concert : mes pensées
Quelle scène de film avez-vous le plus apprécié et sortir seul ou en groupe ?

Ces questions encouragent les gens à s'ouvrir davantage sur eux-mêmes. En éliminant les silences gênants entre les conversations, ces types de questions permettent au dialogue de se dérouler plus facilement entre vous et une autre personne.

En posant ce genre de questions, vous montrez à quelqu'un que vous vous souciez de ses opinions et de ses émotions - cela construit des relations en maintenant le dialogue entre vous et lui. Ils apprécieront les efforts que vous déployez pour le maintenir !

Établir des liens émotionnels
Les conversations ne doivent pas être considérées comme de simples mots : elles servent à établir des liens émotionnels entre les personnes. Bien que vous puissiez mener un dialogue entier sans partager d'informations significatives, cela contribue à établir des liens significatifs et donne un aperçu de la personnalité de l'autre.

Lâcher! Quand rien d'autre ne fonctionne, n'hésitez pas à prendre la parole ! La conversation peut souvent devenir difficile parce que nous craignons que nos mots ne soient ennuyeux pour les autres ; par conséquent, nos pensées et nos paroles restent cachées jusqu'à ce que nos peurs d'être jugées se manifestent par des paroles ou des actions. Mais souvent, cette peur ne vient que de l'imagination !

La prochaine fois que vous vous retrouverez dans une telle rencontre, exprimez librement votre opinion (à condition qu'elle ne contienne pas de propos racistes ou sexuellement offensants). Vous serez peut-être étonné de découvrir que les gens ne sont pas aussi bornés que vous l'imaginiez !

Vos efforts pour poursuivre une conversation ne réussiront que si les deux participants s'y investissent et sont disposés à s'y engager pleinement. S'ils montrent des signes de désintérêt ou refusent de contribuer du tout, considérez cela comme un indicateur que cela doit cesser immédiatement.

Quels que soient vos intérêts ou vos objectifs Il est indéniable que les relations personnelles sont la clé de la réussite personnelle et professionnelle, quels que soient les intérêts, les objectifs personnels ou la profession. Pourtant, vous avez peut-être remarqué que certaines personnes semblent capables de se connecter facilement avec tout ce qu'elles rencontrent tandis que d'autres ont du mal à avoir des conversations saines et encore moins à développer des relations significatives avec elles.

Voici comment approcher et attirer l'attention de belles filles dans un bar, du chef de service lors d'un événement annuel ou de votre voisin d'à côté en signant une pétition pour rendre le quartier plus sûr.
Alors, comment développer cette compétence ?

Avant tout, rappelez-vous que les gens réagissent mieux aux personnes authentiques. Établir et maintenir des liens commence par de véritables intentions ; toute tentative d'interactions superficielles ne durera qu'un temps limité. Parler avec des gens juste pour des promotions ou des billets gratuits ne suffira pas - si vous vous souciez vraiment des gens, ils peuvent devenir de véritables amis au fil du temps.

Deuxièmement, démontrez votre volonté de donner du temps et de l'attention à quelqu'un avec qui vous essayez de vous connecter. Parfois, en raison de ressources limitées, nous ne pouvons pas offrir aux gens des cadeaux ou des démonstrations matérialistes d'affection ; Donner à quelqu'un du temps réel pour connaître ses préférences et ses goûts est un geste tout aussi efficace pour montrer qu'il compte.

Si vous avez du mal à en apprendre davantage sur eux grâce à des recherches indépendantes, entrer en contact avec des personnes qu'ils connaissent pourrait être extrêmement utile. Les gens ont tendance à imiter nos habitudes et nos passe-temps, donc en connaissant plus intimement les personnes qu'ils aiment, vous pourrez également mieux les connaître.

L'établissement de liens peut également s'avérer inestimable dans un contexte professionnel ; de nombreux postes vacants sont pourvus grâce à des références et au réseautage ; ainsi en créant des relations, vous vous ouvrez à des opportunités infinies.

Lorsque quelqu'un vous recommande pour un emploi, sa recommandation peut garantir votre crédibilité, facilitant ainsi l'obtention de cet emploi. Ne sous-estimez pas l'établissement de relations avec vos collègues simplement parce que vous passez peu de temps ensemble ; plus de personnes dans votre cercle social signifie plus d'opportunités dans la vie !

Une fois que vous avez établi une connexion, la prochaine étape devrait consister à la favoriser et à la maintenir solide. Malheureusement, une fois qu'une personne est hors de vue, elle disparaît souvent de la mémoire des gens ; pour être sûr de rester inoubliable, le moyen le plus simple consiste à faire de petits gestes comme envoyer des cartes de Noël, des messages d'anniversaire par SMS ou leur livre préféré avec une note personnelle - vous pourriez être étonné de voir à quel point les gens seront heureux de ces rappels qui montrent qu'ils comptent ! Nous avons tous envie qu'on se souvienne de nous ; montrez à quelqu'un qu'il compte en montrant que votre relation le valorise ! Vous pourriez simplement créer des liens pour la vie !

Tout ce qu'il faut pour convaincre les gens, c'est de montrer que vous les comprenez et que vous les appréciez ; alors vous gagnerez leur fidélité.

L'ère numérique a rendu plus facile que jamais l'automatisation des tâches et l'utilisation de machines pour gérer notre charge de travail. Pourtant, plus nous dépendons de la technologie, plus nous sommes loin de ressentir les émotions liées à l'accomplissement d'une tâche ou à surmonter les difficultés pour terminer notre travail. est senti.

L'intelligence émotionnelle entre ici en jeu ; cela fait référence à votre capacité à reconnaître à la fois vos propres émotions ainsi que celles de celles qui vous entourent, y compris la manière dont celles-ci affectent les autres et affectent leurs pensées et leur comportement. En comprenant plus profondément les sentiments humains, les personnes émotionnellement intelligentes trouvent plus facile de se connecter avec les autres tout en étant plus compatissantes et compréhensives envers ceux qu'elles rencontrent ; cette qualité contribue grandement à leur réussite professionnelle et personnelle.

Les gens confondent souvent l'intelligence émotionnelle et le quotient intellectuel (QI), car ils représentent tous deux des formes d'intelligence différentes. La principale distinction réside dans la manière dont chacun est mesuré et représenté.

Le QI mesure l'intelligence mentale au moyen de tests standardisés et est directement lié aux capacités mentales ; par exemple, être capable de comprendre des informations et de les appliquer pour résoudre des problèmes. Les personnes ayant un QI plus élevé sont capables d'établir des connexions mentales rapides et de répondre rapidement à des idées abstraites. L'intelligence émotionnelle fait référence à la façon dont on utilise les émotions pour donner un sens aux situations ; ceux qui se situent à l'extrémité supérieure de cette échelle ont tendance à être des individus émotionnellement stables, capables de bien gérer leurs sentiments tout en gérant efficacement ceux qui traversent des phases difficiles.

Une autre différence entre ces deux formes d'intelligence est que le QI est quelque chose dont vous héritez à la naissance, tandis que l'intelligence émotionnelle se développe à partir d'expériences au cours de votre éducation et de votre environnement. Vous pouvez travailler pour devenir émotionnellement intelligent en tant qu'adulte en développant de solides compétences relationnelles.

Voici comment vous pouvez y parvenir :

* Soyez attentif à vos réactions. Ne portez pas de jugement hâtif avant de comprendre pleinement tous les aspects d'une situation. Essayez plutôt de voir les choses du point de vue des autres et gardez l'esprit ouvert sans succomber aux stéréotypes ou aux préjugés. En acceptant les points de vue des autres et en acceptant leurs opinions, vous construisez leur confiance.

* Évaluez-vous. Êtes-vous conscient de vos faiblesses? Pouvez-vous accepter qu'il soit nécessaire de travailler sur certains domaines de vous-même pour devenir une meilleure personne ? Jetez un regard honnête et réfléchi sur vous-même et soyez assez courageux

pour changer les éléments qui entravent la croissance – cela pourrait transformer votre vie ! * Jetez un regard honnête et réfléchi sur vous-même ! Être honnête peut changer la vie !

* Évaluez la façon dont vous réagissez dans des situations stressantes. Comment gérez-vous les déceptions lorsque les choses ne se passent pas comme prévu, par exemple lorsque les choses ne fonctionnent pas ? Est-ce que vous vous déchaînez ou blâmez les autres à la place ? Être capable de gérer les déceptions avec calme est extrêmement précieux, tant dans le cadre professionnel que personnel : cela évite que les explosions émotionnelles ne conduisent à des décisions ou à des actions hâtives que vous pourriez regretter plus tard.

* Ne cherchez pas la validation de vos réalisations. L'humilité peut être un atout inestimable dans la boîte à outils émotionnelle ; le pratiquer montre aux autres que vous reconnaissez vos propres forces et réalisations sans avoir besoin de vous en vanter auprès des autres. Concentrez-vous plutôt sur les réalisations des autres pour vous inspirer ! Vous constaterez peut-être que leurs réalisations déteignent sur vous.

* Assumez la responsabilité de vos actes. Si vous offensez autrui, présentez vos excuses ou tentez de résoudre la situation immédiatement si nécessaire. N'ignorez pas leurs sentiments et ne leur faites pas croire qu'ils n'auraient pas dû être blessés de quelque manière que ce soit ; en faisant preuve d'un effort pour rectifier les choses honnêtement et faire amende honorable, vous démontrez à cette personne que vous l'appréciez et que tout son possible sera fait pour maintenir les relations entre vous deux.

* Soyez conscient des effets de vos actions. Avant d'entreprendre une action, tenez toujours compte de l'impact que cela aura sur les personnes impliquées dans la situation et de leurs réactions à ce que vous proposez de faire. Cela leur nuirait-il ou aggraverait-il encore la situation pour eux ? Si tel est le cas, évitez complètement d'aller de l'avant ; mais si cela ne peut être évité pour une raison quelconque, assurez-vous de discuter d'abord de cette décision avec eux et essayez de trouver des moyens d'en minimiser les conséquences néfastes.

L'intelligence émotionnelle est essentielle pour lire et comprendre les gens. Cela vous permet de nouer des liens solides avec des individus, ce qui mène finalement au succès dans tous les aspects de votre vie.

Lorsque votre partenaire rentre à la maison après une dure journée de travail, se dit-il : « Enfin ! Je peux me détendre maintenant ! ou bien pensent-ils plutôt : « Le voilà à nouveau ! Si vous voulez un mariage ou une relation réussi, vous aimeriez idéalement qu'ils pensent à la première phrase - même si rentrer dans une maison immaculée peut être agréable, ce qui compte plus, c'est qu'ils se sentent à l'aise dans un environnement dans lequel ils aiment rester et sentez-vous accueilli et accueilli par vous autant que le facteur de propreté lui-même.

Que faire après une journée difficile ? Souriez et essayez d'être gentil comme avec des inconnus lors d'une réunion, ou déversez-leur tous vos restes émotionnels ? Il est étrange de constater à quel point nos proches voient souvent notre pire côté. On pourrait affirmer que sans être « réels » les uns envers les autres dans nos foyers et nos relations, à qui d'autre nous ouvririons-nous ? Mais pouvez-vous également gérer toutes les rages et les agitations fréquentes qu'ils provoquent ?

Il est donc essentiel que vous ne créiez pas un environnement dans lequel vous ne pourrez pas vivre vous-même. Bien sûr, tout le monde connaît des moments où l'anxiété, la colère ou le stress prennent le dessus. Cependant, faites un effort pour limiter ces incidents afin que votre partenaire ne revienne pas à la négativité. Si ces émotions vous semblent difficiles à gérer seul, parlez-en à des amis ou à des thérapeutes pour obtenir du soutien ; ce n'est que lorsque votre santé mentale est stable que vous pourrez créer une atmosphère optimale pour vous deux.

Attirer votre partenaire nécessite de garder la technologie hors de l'équation lorsque vous parlez avec lui ; accordez toute votre attention sans faire défiler simultanément votre fil Twitter ; écoutez comment s'est déroulée leur journée et racontez ce que vous avez fait pendant cette journée ; si votre maison est suffisamment grande, gardez les ordinateurs portables ou les ordinateurs hors de vue afin de réduire la tentation de vous enregistrer trop souvent ; le désencombrement permettra des reconnexions fréquentes au lieu d'un seul rendez-vous chaque semaine.

De plus, les influences extérieures peuvent contribuer à créer une atmosphère idéale. Par exemple, assurez-vous que vous et votre maison sentez bon lorsque votre partenaire arrive – cela le rafraîchira instantanément mentalement tout en le faisant se sentir plus proche. Allumez des bougies parfumées et jouez de la musique légère pour créer une ambiance romantique et chaleureuse ; votre compagnon voudra certainement rester plus longtemps avec vous !

Votre maison doit être une oasis de confort et de paix. Si vous pouvez contribuer à en construire une avec votre partenaire, cela contribuera grandement à un partenariat réussi.

Reconnaître leurs zones de confort et les adapter

Votre relation implique-t-elle des pantalons de survêtement, des pets au lit et votre partenaire criant « Bébé, ce bouton peut envahir tout ton visage ! » ? Si cela décrit la dynamique entre vous et votre partenaire, alors vous avez réussi à établir une connexion agréable et conçue pour durer.

À un moment donné de votre relation, vous pouvez rencontrer des situations dans lesquelles une activité ou une situation sociale dans laquelle vous souhaitiez vous engager dépassait la zone de confort de votre partenaire. Pour maintenir la paix dans la relation et éviter les désaccords, il est essentiel que les deux partenaires comprennent où s'arrête leur niveau de confort et jusqu'où vous pouvez les pousser à s'en sortir.

Si vous êtes extraverti et que votre partenaire est introverti, il n'appréciera peut-être pas d'assister à autant de fêtes et d'activités de plein air que vous. Par conséquent, trouver un compromis acceptable où aucun des deux partenaires ne se sent contraint de rester trop à l'intérieur ; et où ni l'un ni l'autre ne se sent surexposé en raison d'interactions sociales constantes est la clé pour trouver le bonheur ensemble.

Pour tenir compte de leurs préférences, commencez par comprendre leurs humeurs, par exemple lorsqu'ils ont envie de sortir ou lorsqu'ils souhaitent passer plus de temps à la maison avec Netflix et des livres. Essayez également de ne pas sortir plusieurs jours de suite et laissez ses réserves d'énergie se recharger avant de repartir. Ces petits ajustements dans votre attitude leur montreront que vous vous souciez de leurs préférences tout en les encourageant à sortir de leur zone de confort pour vous accommoder aussi !

Des études ont démontré que lorsque les couples se sentent à l'aise dans leurs relations de compagnie, les chances qu'elles durent plus longtemps augmentent considérablement. À l'inverse, atteindre un niveau de confort signifie moins d'enthousiasme ou de nouvelles expériences à explorer et risque de devenir obsolète avec le temps. Alors, comment pouvez-vous concilier le niveau de confort de vos deux partenaires tout en gardant la romance vivante ?

Essayez de vous surprendre à l'occasion - pas avec quelque chose d'aussi important que d'acheter une nouvelle voiture sans consulter au préalable votre partenaire - concentrez-vous plutôt sur des gestes plus petits et significatifs, comme lui offrir son repas préféré au retour du travail, porter votre lingerie la plus sexy au lit ou planifier des dates surprises pour montrer à votre amour à quel point vous êtes attentionné. Ces petites surprises ajouteront l'élément de surprise sans trop sortir de leur zone de confort.

Les couples qui se sentent trop à l'aise peuvent facilement tomber dans la zone de non-parler, s'attendant à ce que leur partenaire puisse les lire sans qu'ils aient à dire quoi que ce soit eux-mêmes. Mais la réalité peut souvent prouver le contraire !

Les autres peuvent facilement se comprendre soi-même sur la base de schémas et de comportements prévisibles, mais parfois ils ne peuvent tout simplement pas répondre à vos attentes. Lorsque cela se produit, la communication et l'expression de vos sentiments deviennent primordiales ; ne supprimez pas les sentiments lorsqu'ils surviennent ; exprimez-les plutôt ouvertement ! Si quelque chose vous a blessé profondément ou émotionnellement, s'ils ont besoin de quelqu'un avec qui s'asseoir ou leur tenir la main, faites-le-leur savoir ! Un tête-à-tête est toujours le moyen le plus efficace de communiquer avec nos proches.

Si votre partenaire ne se sent pas à l'aise d'exprimer ses émotions, accommodez-le en apprenant ses signaux non verbaux et ne le forcez pas trop à s'exprimer. Au fil du temps, vous remarquerez leur appréciation du fait que vous les laissiez rester dans leur zone de confort.

La zone de confort de votre partenaire est l'espace où il vous permet de vraiment le voir tel qu'il est vraiment, à la fois ses forces et ses défauts. En apprenant à rester avec lui dans cette zone, vous découvrirez plus facilement sa personnalité et apprendrez à l'interpréter facilement.

Être vulnérable

Nous avons beaucoup parlé de la vulnérabilité tout au long de ce livre et il convient de répéter que l'exposition émotionnelle vous donne la force de vous ouvrir aux expériences et à l'amour. Beaucoup ont peur de montrer leur vulnérabilité parce qu'ils pensent que cela les fait paraître faibles – ce n'est tout simplement pas vrai ! Voici pourquoi.

En partageant votre vrai moi avec vos proches, vous montrez votre courage d'être vu tel que vous êtes vraiment et d'être vu tel que vous êtes vraiment - créant un sentiment d'appartenance, d'amour et d'authenticité dans les relations qui comptent le plus.

Avancer avec courage pour être vulnérable présente de nombreux avantages émotionnels. En vous plaçant dans des situations qui vous rendent vulnérable, par exemple en vous plaçant dans des situations qui mettent votre courage à l'épreuve et testent votre capacité à gérer des scénarios difficiles - en renforçant votre confiance en vous tout en renforçant votre résilience face aux obstacles en cours de route.

Faire preuve de vulnérabilité envers les amis, les partenaires et les parents peut favoriser l'empathie. Cela leur permet d'être témoin de vos points faibles que vous avez tendance à cacher aux autres - en leur disant qu'ils comptent plus que tout le monde en leur ouvrant ce côté.

Au-delà de l'amélioration des relations avec les autres, l'empathie renforce également votre lien avec vous-même. En acceptant les aspects indésirables ou faibles de vous-même et en les acceptant comme faisant partie de qui vous êtes, l'empathie augmente l'acceptation de soi et contribue ainsi au bien-être général.

Voici quelques suggestions pour vous aider à devenir vulnérable : * Soyez ouvert à prendre des risques qui pourraient entraîner un rejet. Communiquez honnêtement sur ce que vous attendez d'une relation - en particulier vos attentes et vos limites - ainsi que sur des sujets personnels dont vous ne discutez généralement pas avec quelqu'un d'autre, comme les sujets personnels qui reviennent dans la conversation et les discussions sur les erreurs passées commises dans les relations.

* Discutez des incidents qui évoquent des sentiments de peur, de honte ou de chagrin.

Jusqu'à présent, nous n'avons exploré que quelques façons dont l'acceptation de la vulnérabilité aide à grandir ; cela ouvre les portes au changement tout en renforçant la flexibilité.

Le changement peut être intimidant pour beaucoup car il implique de quitter sa zone de confort et de s'aventurer en territoire inconnu. Ce processus nécessite donc un travail approfondi – la première étape étant d'apprendre à être vulnérable. Imaginez que vous essayez de vous débarrasser d'une mauvaise habitude indéfinissable, comme une alimentation excessive, qui a un impact négatif sur votre santé, votre apparence et votre budget. Cependant, pour y parvenir avec succès, vous devez d'abord en identifier la cause profonde ; Qu'est-ce qui vous pousse à vous tourner vers la nourriture en premier lieu ? Mangez-vous pour échapper aux émotions, au stress, à l'anxiété ou par ennui ? Afin de surmonter votre dépendance à la nourriture, un examen honnête de vous-même doit avoir lieu - reconnaître que vos sombres habitudes ne changeront pas du jour au lendemain, tout comme leurs sentiments.

Le changement nécessite une auto-analyse honnête et sans détour – et la vulnérabilité est la porte d'entrée vers tout cela !

La vulnérabilité peut ouvrir votre esprit à de nouvelles perspectives. La clé pour accueillir des points de vue et des idées divers réside dans l'acceptation que vos expériences n'ont pas été dévorantes dans la vie ; abandonner temporairement ses croyances et ses valeurs au profit d'autres points de vue peut s'avérer difficile ; Pourtant, la vulnérabilité vous aide à voir qu'il y a plus au-delà de vous-même, à mesure que vous reconnaissez qu'il existe des personnes qui vivent en dehors de vos désirs et de vos besoins, et que vous acceptez également toutes les perspectives afin d'établir des liens significatifs avec ces personnes qui y vivent.

Il existe un vieil adage : tout ce que vous publiez dans le monde vous revient sous une forme ou une autre. Cela s'applique également aux relations ou aux connexions : ce que vous apportez se reflétera sur vous en nature ; par exemple, l'amour, l'empathie, la tolérance et la patience porteront leurs fruits sous la forme de liens forts et significatifs, tandis que vice versa.

Maintenant que vous comprenez comment les gens travaillent, il est temps de mettre toutes ces connaissances à profit ! Dans cette section, nous mettrons à profit tout votre apprentissage : déchiffrer même les secrets les plus soigneusement gardés peut être délicat ; ici, nous explorerons ce qui trahit les gens, en repérant rapidement les mensonges et en brisant les barrières que les gens s'opposent souvent.

Les gens qui lisent doivent prêter attention aux petits détails et aux observations qui passent souvent inaperçus. En tant que lecteur expérimenté, vous ne pouvez pas laisser passer même de petites différences telles que des mouvements de nez ou des contractions d'ongles ; par conséquent, cette section vise à vous apprendre à identifier ces micro-détails qui aident à faire des évaluations précises.

Avez-vous déjà observé à quoi ressemble quelqu'un lorsqu'il ment ? Malheureusement, il n'existe pas de réponse unique, car chaque individu présente différents indicateurs de mensonge. Le langage corporel, les expressions faciales, le choix des mots et les habitudes peuvent révéler si quelqu'un ment. Des signaux verbaux et non verbaux comme ceux-ci peuvent aider à identifier les mensonges par rapport à la vérité – même si vous ne reconnaissez peut-être pas le terme de référence lui-même !

La référence des personnes vous donne le pouvoir d'évaluer les individus en fonction de leur véracité. En fournissant une mesure objective par rapport à laquelle comparer et juger si leur comportement est hors de leur caractère, ou simplement indicatif de leur comportement normal.

Alors, comment pouvez-vous identifier les comportements de base ? Voici trois étapes simples qui vous aideront à y parvenir !

Étape 1 : Commencez par la poignée de main.

Comme on dit, les premières impressions durent et vous n'avez qu'une seule chance de faire cette première déclaration percutante sur quelqu'un. Considérez également que c'est le moment idéal pour évaluer les actions d'une personne puisque la plupart sont les plus positives lors d'une première rencontre.

Les vendeurs et les enquêteurs savent utiliser cette compétence, créant souvent une première impression favorable auprès des clients ou des recrues potentielles après une seule poignée de main. Leur secret ? Prêter une attention particulière au regard, à la qualité vocale et à la posture lorsque vous saluez les nouveaux arrivants avec une poignée de main d'introduction.

Que ce soit dans une situation sociale ou professionnelle, garder un œil sur les signaux sociaux des gens et prendre des notes mentales vous permettra de les évaluer plus rapidement. Même si cela peut parfois sembler intrusif, sachez que toutes ces données nous viennent de toute façon inconsciemment à l'esprit ; en faisant un effort conscient pour nous souvenir de sa présence, nous pouvons rapidement établir des liens en termes de comportement.

Lorsque vous serrez la main de quelqu'un, faites attention à la façon dont il discute, raconte des blagues et répond aux questions personnelles dans un cadre naturel. Ces informations peuvent aider à établir une base de référence.

Étape 2 : Stimulez différentes réactions en posant des questions.

La clé pour créer une base de référence précise est de recueillir les réactions normales d'un individu dans différentes situations - comment il réagit lorsqu'il est heureux, triste ou ennuyé ne sont que des exemples - bien que cela puisse être difficile dans des contextes quotidiens tels que les funérailles - tout en posant parfois des questions spécifiques pour évaluer les réactions. pourrait permettre de mieux les connaître.

David ou Jane montrent-ils des signes d'inconfort lorsque vous leur dites « non » ? Kevin lève-t-il les sourcils lorsqu'il parle avec Taylor ?

Vos réactions dans des circonstances non menaçantes serviront de base à la façon dont cette personne réagira dans des scénarios plus dangereux.

Le mouvement des yeux peut être utilisé comme indicateur d'un écart par rapport au comportement normal. Selon des chercheurs du monde entier, ceux qui se livrent à des activités malhonnêtes maintiennent généralement un contact visuel lorsqu'ils parlent, bien que leur comportement diffère des conditions normales - par exemple, ils peuvent baisser les yeux ou regarder ailleurs tout en parlant ; ou présentez un contact visuel constant au début, puis changez après que des questions déclenchées ou des facteurs de stress l'ont fait changer soudainement ; de la même manière, un clignotement plus lent ou plus rapide que d'habitude peut également signaler que quelque chose de suspect se passe.

D'autres aspects à surveiller lors de l'exécution des lignes de base comprennent les postures assises et debout, la vitesse et le ton de la voix, le style de rire, les tics nerveux, les gestes des mains et les expressions d'excitation et de surprise. Ce que beaucoup ne réalisent pas, c'est que leur visage trahit souvent de véritables émotions avec des microexpressions comme de brefs sourires ou des haussements de sourcils qui ne durent que quelques millisecondes mais révèlent exactement ce qu'une personne ressent réellement - contrairement au langage corporel qui peut être contrôlé en partie par la conscience. de celui-ci.

Les professionnels conviennent que les émotions manifestées lors des récits faciaux n'indiquent pas toujours de la culpabilité ; parfois, ils ne veulent tout simplement pas exprimer ce qu'ils pensent. Lorsqu'une personne présente ces symptômes, approfondissez la question en posant des questions spécifiques sur les raisons pour lesquelles elle ressent cela.

Étape 3 : Conservez un enregistrement mental du comportement de base.

La dernière clé pour résoudre cette énigme réside dans la mémorisation de tout ce que vous observez mentalement. Classez leur comportement ainsi que toute information supplémentaire comme le conjoint, la profession ou l'adresse de votre ville natale si nécessaire - surtout si votre mémoire est faible ! Fournir ces détails supplémentaires peut aider à relier les points plus rapidement tout en rappelant plus facilement d'autres détails ; n'écrivez pas tout, laissez votre cerveau se souvenir !

Avez-vous déjà assisté à une fête où, tout en racontant une histoire captivante du travail à un groupe de personnes, la seule réponse entendue était : « Oh ouais ! Super. Est-ce qu'ils servent des crevettes ? et votre énergie s'est rapidement dissipée tout en bouclant rapidement votre histoire pour conclure, sans vous sentir satisfait de la façon dont les choses s'étaient déroulées ?

Ce qui s'est passé, c'est que quelqu'un n'écoutait qu'à moitié et posait une question non pertinente qui a tué à la fois votre dialogue et votre humeur. Pour maintenir une conversation fluide, soyez attentif et posez des questions pertinentes - cela les fera parler plus librement et vous permettra finalement d'en avoir un aperçu plus approfondi, vous aidant ainsi à mieux les lire en retour. C'est comme l'effet domino !

L'invitation est l'un des outils fondamentaux de communication ; il informe les personnes présentes que c'est à leur tour de prendre la parole tout en leur proposant des suggestions sur des sujets qu'ils pourraient explorer.

Exemple : demander : « Comment s'est passé le dernier livre que vous avez lu ? » ouvre une invitation à une conversation sur le sujet spécifique que vous avez abordé dans votre question.

Ces invitations constituent un filet de sécurité essentiel lorsque la conversation dérive. Si vous avez du mal à trouver des sujets de conversation, essayez de lancer une invitation, surtout si elle concerne quelque chose dont vous avez déjà discuté ! Sinon, cela ne fera aucun mal de lancer de nouveaux sujets.

Les invitations peuvent prendre la forme de questions ou de déclarations. Lorsque vous utilisez des invitations basées sur des questions, veillez à garder un langage ouvert et accessible pour un maximum de réponses.

Ces questions ouvertes permettent à la personne en face de vous d'élaborer au lieu de fournir de brèves réponses. Par exemple, demander : « Avez-vous fait un bon voyage ? » entraînera probablement des réponses par oui ou par non. En revanche, demander « Comment s'est passé votre voyage ? » vous pouvez recevoir des réponses plus détaillées qui montrent à l'autre personne que vous tenez à elle et la motivent à partager plus de détails sur son voyage avec vous.

En prenant intérêt à connaître l'autre, vous démontrez le vôtre. Cela crée un lien stimulant entre vous et cette personne et lui permet de s'ouvrir davantage.

Semblable à poser des questions perspicaces, leur poser des questions perspicaces montre votre intérêt. En suivant la règle classique « montrez, ne dites rien », en posant des questions perspicaces, vous montrez aux gens que vous vous souciez de vous - mais méfiez-vous d'être curieux !

Vient ensuite notre tâche consistant à poser des questions pertinentes et perspicaces.

Faire ce dernier ne vous donnera pas beaucoup d'informations sur leur véritable identité, car même eux ne comprendront pas pourquoi vous êtes intéressé. Ils pourraient penser que vous vous souciez plus de la météo qu'eux ! De même, en posant des questions intimes telles que « Quel est votre désir le plus profond et le plus sombre ? », vous pourriez les mettre mal à l'aise et vouloir vous échapper le plus rapidement possible.

Commencez petit et intuitif. Au fur et à mesure que vos questions progressent, posez-en progressivement des plus intimes tout en tenant compte du niveau de confort de l'autre personne. Si, à un moment donné, ils semblent gênés par vos demandes ou montrent des signes d'inconfort, arrêtez-vous. Au lieu de cela, revenez à des questions moins intrusives jusqu'à ce que vous ayez la permission de continuer à approfondir votre recherche.

Toutefois, avant d'approfondir la personnalité d'une personne, deux considérations importantes doivent être gardées à l'esprit.

Tout d'abord, la transition d'une relation formelle à une relation intime ne se fait pas du jour au lendemain ; il s'agit plutôt d'un processus graduel qui nécessite plusieurs conversations au fil du temps. Au début, les conversations peuvent tourner autour de sujets superficiels comme la famille et les loisirs ; au fil du temps, celles-ci pourraient s'étendre à des discussions personnelles telles que les relations passées ou les traumatismes de l'enfance.

Rappelez-vous que chaque conversation offre la possibilité d'établir des relations et de mieux comprendre une personne. Au fil du temps, ils peuvent se sentir plus à l'aise pour partager des informations personnelles les concernant.

Deuxièmement, établissez la confiance. Si vous demandez à quelqu'un de divulguer des détails intimes de sa vie, soyez prêt à faire de même en retour. Partager des détails sur vous-même ouvrira un canal de confiance entre vous deux qui pourra renforcer la confiance au sein de toute relation.

Les questions d'invitation sont excellentes pour ouvrir le dialogue, mais elles ne suffiront pas à elles seules. Utilisez donc des requêtes de suivi pour prolonger le dialogue.

En termes simples, poser à quelqu'un des questions telles que : "Comment vous sentez-vous à ce sujet ?" ou "Pourquoi as-tu dit ça?" fait preuve d'une véritable curiosité pour son histoire ou son message et lui permet de confirmer que ses pensées sont appréciées par quelqu'un. Cela vous donne également la possibilité de démontrer votre valeur en écoutant attentivement des conversations qui autrement pourraient vous sembler trop inconfortables ou ennuyeuses.

La prochaine fois que quelqu'un parle en termes vagues, au lieu de simplement hocher la tête et d'avancer rapidement, demandez-lui : « Qu'est-ce que tu voulais dire par là ? Pour prolonger et rendre les conversations plus significatives, voici quelques idées supplémentaires :

* Que faites-vous ces jours-ci, votre sœur/frère/conjoint ? * Comment s'est déroulée votre journée - et quelle a été la partie la plus excitante ? *Pourquoi avez-vous fait une remarque si réfléchie ? * Pourriez-vous développer et m'aider à mieux comprendre ?

* Pensez-vous que vos pensées changeront sur cette question et qu'elles finiront par changer d'avis à ce sujet ?

Avant de répondre à chaque question, laissez à l'autre personne le temps et l'espace pour répondre, sans l'interrompre pendant sa réponse. L'écoute est essentielle pour mieux connaître quelqu'un !

Einstein a conseillé de « tout remettre en question ». Poser des questions perspicaces à ceux avec qui nous interagissons permet de créer des interactions efficaces, d'établir des relations de confiance et de nouer des liens significatifs.

Combien de fois avez-vous pensé : « J'en ai assez. Ils mentent toujours ! » ? Que ce soit après une relation ratée ou une promesse de promotion d'emploi qui s'est égarée, mentir est toujours décevant et peut nous amener à remettre en question notre jugement et à faire confiance à des personnes en qui nous avions de moins en moins confiance. Et s'il y avait un moyen de s'en sortir ? Ce chapitre vous fournira des outils pour devenir votre propre détecteur de mensonge humain afin que vous puissiez reconnaître rapidement tout signe suspect et apprendre à ne faire confiance qu'à des personnes fiables.

À vrai dire, la plupart des gens mentent parfois. Parfois, il peut s'agir simplement de petits mensonges du genre "Non chérie, cette robe ne te fait pas paraître grosse !" mais dans d'autres cas, les mensonges peuvent être plus évidents comme : « Ma mère était malade, c'est pour ça que j'étais en retard aujourd'hui », ou carrément trompeurs comme : « Je n'ai pas de liaison ; j'ai passé une autre nuit blanche au travail ».

Cependant, la plupart des gens ont du mal à reconnaître les mensonges, ce qui les amène à se laisser tromper. Une étude menée dans ce domaine a montré que seulement 54 % des participants pouvaient détecter correctement les mensonges.[16]

Les différences de comportement entre les individus qui mentent et ceux qui disent la vérité peuvent être difficiles à évaluer, car il n'existe aucun signe révélateur distinct permettant d'identifier l'un ou l'autre groupe ; cependant, des indicateurs subtils peuvent aider à distinguer les uns des autres. Comme mentionné précédemment dans un autre chapitre, les variations par rapport au comportement de base sont un autre indicateur du mensonge.

Cependant, il est essentiel de reconnaître que la détection des mensonges repose en grande partie sur la confiance en votre instinct. En sachant quels signes surveiller et en apprenant à les interpréter avec vos connaissances et votre instinct, la détection des mensonges deviendra beaucoup plus simple pour vous.

Des psychologues et des chercheurs de plusieurs secteurs ont mené des études approfondies sur la tromperie et le langage corporel afin d'aider les forces de l'ordre à détecter les fraudeurs et les menteurs plus rapidement et plus précisément. Le résultat de cette recherche a mis en évidence plusieurs signaux d'alarme potentiels qui pourraient indiquer une tromperie :

* Être délibérément vague en fournissant volontairement un minimum de détails ; Être incapable de fournir des détails sur un événement ou un incident

Répéter des phrases ou des questions en répondant à des requêtes spécifiques ; Parler par fragments de phrases.

* Faire preuve de comportements de toilettage tels que presser les doigts sur les lèvres ou manipuler des mèches de cheveux

Comme c'est le cas pour toute autre chose, la pratique rend également parfaite la détection des mensonges. La lecture de recherches et d'apprentissages ne peut vous mener que jusqu'à présent ; pour vraiment maîtriser la détection des mensonges, il faut y prêter une attention particulière et en être conscient à 100 %.

C'est pourquoi nous nous concentrons désormais sur les indicateurs ou signes auxquels vous devez prêter attention lorsque vous essayez de repérer un imposteur.

Avant tout, soyez conscient des signaux auxquels il faut prêter attention. Même si les gens s'appuient sur des indices valides pour détecter les mensonges, leur fiabilité en tant qu'indicateurs de mensonge pourrait être limitée. Voici quelques indices de tromperie courants que les gens observent :

* Faire preuve d'indifférence : lorsqu'une personne tente de rester émotionnellement neutre en supprimant son expression et en ne montrant aucun signe, elle peut faire preuve d'un manque d'expression, adopter une posture impassible ou hausser les épaules pour ne pas divulguer trop d'informations.

* Incohérence vocale : si un locuteur semble incertain de lui-même et commence à marmonner ou à bégayer en parlant, cela peut être dû au fait que son cerveau ne peut pas penser assez vite pour dissimuler ses mensonges.

* Réflexion excessive : lorsque quelqu'un semble avoir l'intention de déformer la vérité, une réflexion excessive peut souvent en résulter. Avec une bonne connaissance des signes à surveiller et une capacité à faire preuve de jugement efficacement dans une situation donnée, la compréhension peut devenir beaucoup plus simple.

Deuxièmement, ne vous fiez pas uniquement au langage corporel. La plupart des livres et blogs sur la détection des mensonges préconisent de se concentrer uniquement sur le langage corporel (les changements subtils de comportement et les signes physiques qui révèlent qui est malhonnête) pour attraper les trompeurs. Cependant, les recherches indiquent désormais que les signaux du langage corporel peuvent aider à détecter les mensonges, mais ne sont pas toujours des indicateurs fiables de tromperie.

Howard Ehrlichman, chercheur en psychologie, a découvert que les changements dans les mouvements oculaires n'indiquaient pas toujours un mensonge ; ils pourraient simplement être causés par la récupération d'informations dans la mémoire à long terme ou par une réflexion trop intense.[17]

De ces études et d'autres, on peut conclure que le langage corporel, bien que souvent précis, n'est pas toujours le meilleur indicateur du mensonge. Connaître quelqu'un et ses comportements permet de distinguer le mensonge des comportements de base.

Troisièmement, demandez-leur de raconter leur histoire – à l'envers ! La théorie derrière cet exercice est que les signaux non verbaux et verbaux qui distinguent la vérité du mensonge deviennent plus importants lorsque la charge cognitive augmente - car mentir est un processus épuisant comparé à dire la vérité - d'où la raison pour laquelle les gens disent "si vous dites la vérité, vous vous n'avez pas besoin de vous souvenir de tous ses détails".

Les mensonges délibérés sont des activités plus exigeantes sur le plan cognitif ; ceux qui s'y livrent ont besoin de beaucoup de ressources mentales pour tenter de dissimuler tout ce qui pourrait trahir leurs mensonges, en surveillant à la fois leur propre comportement et celui des auditeurs. Établir sa crédibilité et convaincre les autres de son histoire demande des efforts, mais lorsqu'on y ajoute l'exigence de la raconter à l'envers, vous pouvez commencer à repérer des fissures dans leur récit ou des divergences de comportement. La recherche a étayé cette théorie. Si une histoire semble mince en détails ou est complètement inventée, rappelez-vous quels détails ont été répétés la première fois ! Faire cela vous permettra de faire la distinction entre les mensonges et la vérité.

Comme discuté précédemment, faites confiance à votre instinct ! Comme indiqué précédemment, suivre votre instinct peut être votre meilleure arme contre la détection des mensonges. De nombreuses études ont prouvé que les indicateurs internes du subconscient sont plus efficaces que les stratégies conscientes pour détecter la tromperie. Les humains possèdent des données intuitives et inconscientes qui nous aident à reconnaître la tromperie si nous y prêtons attention.

Bien que les instincts puissent être très fiables, les gens n'ont souvent pas les compétences ou la capacité de les utiliser avec précision et restent vulnérables aux pensées trompeuses. Malheureusement, cependant, une pensée ou une réaction consciente peut interférer avec les associations automatiques : au lieu de faire confiance à votre instinct, vos pensées conscientes commencent à analyser des schémas ou des actions stéréotypées et finissent par vous dissuader de lui faire confiance. Bien se connaître permet de reconnaître les réponses instinctives sans trop insister sur les comportements qui mènent au doute de soi et nous amènent à nous demander si cela pourrait fonctionner à l'occasion !

Enfin, observez l'évolution de leur niveau de confiance. En prêtant attention, vous découvrirez que le style d'un trompeur potentiel change lorsqu'il est confronté ; la plupart des menteurs se sentent en sécurité dans leur zone limitée de mensonge, où ils se sentent en contrôle ; Cependant, si quelque chose remet en question ce qu'ils disent, cela peut leur faire perdre le contrôle et ainsi réduire considérablement leur niveau de confiance.

À mesure qu'ils commencent à se sentir sous pression, vous remarquerez peut-être qu'ils modifient leur récit ou fournissent des réponses incohérentes sur certains événements, devenant plus erratiques dans leurs réponses et changeant la façon dont ils les décrivent. En surveillant les changements de comportement comme celui-ci, vous pourrez repérer des lacunes dans leur histoire et identifier leurs véritables intentions.

Gardez à l'esprit qu'il peut être difficile de déterminer si quelqu'un en face de vous dit la vérité ou invente des histoires ; peut-être qu'ils sont doués pour dissimuler des informations, ou que votre confiance peut vous empêcher de repérer quelque chose qui ne va pas. Mais les signes et indicateurs décrits ci-dessus peuvent révéler que quelqu'un vous cache quelque chose.

La prochaine fois que vous aurez besoin d'évaluer l'honnêteté de quelqu'un, portez une attention particulière à tout indice subtil lié au mensonge. Si nécessaire, augmentez la pression en rendant rationnellement pénible pour eux le fait de raconter leur histoire. En gardant ces pratiques en place et en gardant ces conseils à l'esprit, vous pourrez rapidement éliminer de votre vie ceux qui sont malhonnêtes avec vous.

Comment savoir si quelqu'un ment par omission ? Comment pouvez-vous déterminer si quelqu'un ment par omission ? Si quelqu'un ne ment pas explicitement mais ne présente qu'une partie de la vérité, est-ce considéré comme un mensonge ou comme une simple communication ? Mentir par omission est une tactique astucieuse utilisée pour éviter de raconter tout ce qui s'est passé ; aux fins d'enregistrement, cela doit être considéré comme un mensonge car cela empêche son destinataire d'obtenir une compréhension précise. Par exemple, un enfant pourrait vous dire qu'il a mis de la glace au congélateur seulement, puis en ressortir plus tard et la manger lui-même ; pour mémoire, cela doit être qualifié de mensonge, car cela empêche le destinataire de l'information de voir tous les côtés. Par exemple, un enfant pourrait dire qu'il a mis de la glace au congélateur, mais ensuite oublier de mentionner qu'il l'a sortie plus tard de l'endroit où elle était sortie plus tard, au lieu de lui expliquer en détail tous les faits, comme le sortir plus tard et le manger plus tard. demandé par vous que possible.

Cependant, leur réponse ne vous a pas fourni suffisamment de détails si votre question était « Où est passée la glace ? » ; quelle que soit l'exactitude de leur histoire.

Le problème du mensonge par omission est que la plupart des personnes qui l'utilisent ne considèrent pas cela comme un mensonge, et ne sont donc pas aussi réticentes ou ne montrent pas les signes typiques d'une personne mentant. Pour bien comprendre pourquoi quelqu'un ment, nous devons connaître sa motivation ; les gens peuvent cacher des informations importantes par honte, par culpabilité ou par peur, mais comme ils sont réticents à mentir ouvertement, il peut être plus facile pour les enquêteurs de découvrir la vérité si quelqu'un laisse de côté des détails importants dans les conversations.

Recherchez les signes indiquant que quelqu'un semble mal à l'aise lorsqu'il discute d'un sujet important. Est-ce qu'ils semblent vagues, font trop de pauses, évitent le contact visuel ? Posez des questions spécifiques pour plus de clarté afin de forcer les gens à prendre des décisions conscientes quant à savoir s'ils doivent ou non partager des détails spécifiques, sans pouvoir se cacher derrière "Je ne mens pas", ce qui vous permet d'apprendre toute la vérité plus facilement que lorsque quelqu'un ment librement. sans hésitation. Même si quelqu'un ment, ses signes seront probablement plus faciles à détecter que quelqu'un qui ment à plusieurs reprises sans hésitation.

Avez-vous déjà rencontré quelqu'un qui vous a immédiatement mis mal à l'aise, sans toutefois pouvoir identifier pourquoi il vous semblait mal à l'aise ? Quelque chose ne va pas dans leur façon de vous regarder, mais vous ne parvenez pas à identifier quoi exactement ? Vous ont-ils mis mal à l'aise, mais vous ne parvenez pas à comprendre pourquoi ils ressemblaient à cela ? Si cela vous semble familier, le chapitre 22 peut fournir la solution : Acquérir la précision lors d'un tranchage fin.

"Quelque chose ne semblait pas bien." Vous vous retrouveriez en vain à essayer d'expliquer à votre conjoint pourquoi vous n'aviez pas choisi ce dentiste en particulier pour des interventions dentaires ou pourquoi vous avez refusé une offre d'emploi impressionnante.

Chaque jour, nous entrons en contact avec diverses personnes ; certains que nous connaissons à peine et d'autres qui laissent des impressions durables. Vous vous souviendrez peut-être d'une personne que vous avez brièvement rencontrée dans un parc comme étant chaleureuse ou gentille, tandis qu'un autre étranger peut se révéler impoli ou bizarre.

Tous nos jugements initiaux sont-ils injustifiés et dus à nos propres préjugés ? Peut être pas! Peut-être que les premières impressions sont importantes parce qu'elles révèlent quelque chose sur quelqu'un que notre esprit conscient ne peut tout simplement pas encore comprendre. Cette capacité à formuler rapidement des hypothèses précises sur les personnes est connue sous le nom de découpage fin.

Les premières impressions ou jugements sur la personnalité d'une personne ne se produisent pas uniquement par hasard - ils sont en fait créés par notre subconscient qui traite les informations beaucoup plus rapidement que nous ne le pensons ! Pourquoi certains d'entre nous peuvent-ils porter un meilleur jugement que d'autres, demandez-vous ?

Ce qui distingue ceux qui portent des jugements précis de ceux qui ne le font pas, c'est la confiance qu'ils accordent à leur « intuition ». Ils écoutent ce que leur instinct leur dit et développent ces compétences grâce à un effort conscient.

Le découpage fin peut être défini scientifiquement comme la capacité de porter des jugements éclairés basés sur de petites informations. De multiples expériences ont prouvé que nos conclusions sur quelqu'un sont cohérentes, quelle que soit la durée de notre conversation avec lui - de cinq secondes à cinq minutes ! nous échappent sans que notre conscience ne s'en aperçoive.

Cela ne peut-il pas être incroyable ? Faire des hypothèses précises sur quelqu'un sur la base d'une simple déclaration ou d'un micro-trait pourrait être si précis.

Alors pourquoi n'avons-nous pas été capables de lire dans les pensées des gens jusqu'à présent ? Principalement en raison de son incapacité à articuler ces jugements. Ne pas avoir suffisamment de détails à portée de main signifie que ce décodage non verbal a lieu sans même que nous nous en rendions compte, donnant ainsi autant d'importance aux premières impressions même si elles ne reflètent pas la réalité mais agissent plutôt comme des signaux de notre subconscient indiquant qu'elles peuvent détenir des réponses pour nous.

En tant qu'humains, nous sommes programmés pour ne faire confiance qu'à nous-mêmes, dans certaines limites. Les préjugés négatifs nous empêchent de trop nous faire confiance. Vous pensez peut-être : « Tout cela a l'air génial ; cependant, si j'avais fait plus confiance à mon instinct, je n'aurais pas acheté ce livre ! »

Je comprends votre dilemme ; faire trop souvent confiance à mon instinct m'a conduit sur la voie des pertes au jeu ! Et même si je ne préconise pas de laisser votre subconscient guider vos jugements, nos cerveaux sont bien plus intelligents que ce que nous leur attribuons ! Saviez-vous que notre cerveau peut traiter 11 millions d'informations chaque seconde ? Pourtant, notre esprit conscient ne semble capable de traiter que 40 à 50 bits. [19] Il y a un écart énorme entre ce que notre cerveau peut réellement gérer et ce que nous percevons qu'il peut gérer ; même si nous ne traitons que 50 maigres bits, notre cerveau subconscient a déjà observé, déduit et formé des opinions bien plus précises que tout ce que notre conscience pourrait jamais nous fournir.

Comparativement parlant, notre subconscient a fait un travail remarquable en traitant les informations ; malheureusement, nous ne reconnaissons pas suffisamment ses efforts. Imaginez si nous faisions davantage confiance à notre subconscient pour porter des jugements ; aucune autre compétence n'est nécessaire pour accéder au cerveau des gens !

Découvrir l'art du tranchage fin nous oblige à reconnaître nos pensées subconscientes et à interpréter correctement notre intuition. N'enterrez pas ces petits jugements qui pourraient passer inaperçus. Lorsque vous étiquetez quelqu'un, demandez-vous pourquoi et réfléchissez plus sérieusement : était-ce son poids qui bougeait d'une jambe à l'autre ou s'est-il mordu la lèvre juste avant de s'exprimer ?

Aussi puissant que soit notre subconscient, il peut également se heurter à des préjugés conscients et conduire à des décisions malheureuses. Par conséquent, tout le monde ne s'appuie pas uniquement sur son instinct pour prendre des décisions : le pouvoir potentiel réside en chacun de nous, il suffit de le débloquer et de l'exploiter correctement.

Le découpage fin consiste à en apprendre davantage sur quelqu'un avec un minimum d'informations. Leurs manières, leur langage corporel, leur écriture et leurs vêtements révèlent beaucoup de choses sur eux s'ils sont observés attentivement et conscients de leur subconscient. Selon le best-seller Blink de Malcolm Gladwell, le tranchage fin implique de puiser dans son « subconscient adaptatif ». Alors que les esprits conscients utilisent des évaluations fondées sur des preuves lorsqu'ils tirent leurs conclusions sur des personnes ou des événements sur la seule base de l'observation consciente, l'inconscient adaptatif utilise au mieux des évaluations avec de très petits morceaux de preuves comme sources.

Alors que nous pratiquons et perfectionnons ce métier de découpage fin de l'information, notre succès dépend de notre capacité à pratiquer et à apprendre de chaque expérience que nous acquérons. En exploitant votre subconscient et en filtrant les informations plutôt que les évaluations, vous pouvez mieux comprendre les autres et prédire leur comportement.

John Gottman, un psychologue américain réputé, a mené une étude approfondie impliquant plus de 3 000 couples pour développer ce que l'on appelle aujourd'hui le « laboratoire de l'amour ». Grâce à cette méthode de collecte et de désagrégation des informations, Gottman a conclu qu'il était possible de prédire l'avenir du mariage en découpant finement les données pertinentes - non seulement en les rassemblant toutes, mais également en comprenant leur pertinence. Cette théorie ne visait pas simplement à rassembler des faits, mais à déterminer quelles informations étaient les plus pertinentes.

Et c'est précisément ce que vous devriez faire aussi. Votre subconscient recevra des millions de données, mais votre esprit conscient doit maintenant décider quelles informations sont importantes ou non ; c'est là que réside la valeur des connaissances fournies dans d'autres parties du livre ; utilisez ses outils pour discerner quelles actions, mots et indicateurs nécessitent votre attention et lesquels ne sont pas pertinents pour mieux comprendre les gens.

La théorie de Gottman suggère de se concentrer sur des expressions faciales éphémères et des dialogues qui semblent triviaux, sans trop attirer l'attention sur eux-mêmes. Bien que cela ne donne pas de résultats immédiats, il est nécessaire de s'entraîner pour reconnaître les schémas - vous devez identifier les personnes qui mentent, protègent bien leurs émotions ou se cachent derrière des comportements extravertis - afin qu'au fil du temps, vos esprits conscient et subconscient s'alignent de manière transparente et permettent des calculs calculés. évaluations de ce qui se passe dans l'esprit de quelqu'un. [23]

Parfois, nous essayons tous de déchiffrer ce que quelqu'un veut dire lorsqu'il utilise des expressions telles que « Je m'en fiche » ou « Pourquoi pensez-vous que c'est important » ou « Je vais bien » ; cela peut ressembler à des bombes à retardement qui vous obligent à comprendre rapidement leur véritable intention avant que des dommages durables ne soient causés aux relations ! Vous regretterez de ne pas vous être inscrit à cet atelier de télépathie il y a des années !

Une interprétation peut souvent être difficile, surtout lorsqu'ils n'utilisent pas de mots pour communiquer directement leurs idées. Les mots ne sont qu'une partie du tableau : pour sauver le navire, il faut aller au fond de l'océan pour localiser les monstres qui se cachent. C'est à cela que sert de lire entre les lignes !

Lire entre les lignes est un art qui peut sauver même les relations les plus proches. Cela nécessite une compréhension qui laisse peu de place aux explications et permet de créer l'environnement idéal pour des dialogues significatifs et productifs. Le sens se situe souvent au-delà des mots seuls - c'est pourquoi les points, les virgules et les points d'exclamation jouent un rôle si essentiel dans la communication de leur sens.

Les signes que les gens émettent pour révéler leurs véritables émotions peuvent souvent être interprétés à tort comme des gestes innocents ; mais ces signes doivent toujours être pris au sérieux car ils indiquent que ce que les gens disent a une signification sous-jacente ; par exemple, des mots comme « Je veux toujours être avec toi » peuvent ressembler à une déclaration d'amour, mais lorsqu'ils sont combinés avec d'autres signaux d'alarme dans une relation incertaine, ils peuvent indiquer un abus ou une manipulation.

Comme on peut s'y attendre dans un environnement habité par plus de 8 milliards d'individus avec leurs pensées et personnalités individuelles, une phrase peut ne pas avoir la même signification lorsqu'elle est prononcée par différentes personnes dans différents contextes. Vous devez écouter plus fort afin de comprendre ce que l'autre personne essaie de transmettre. Selon Gary Wong, investisseur immobilier et coach estimé, nous avons deux oreilles mais une seule bouche, donc écouter devrait avoir préséance sur parler[23]. Soyez ouvert d'esprit à l'égard de ce que les gens vous disent tout en comprenant profondément quelles sont leurs intentions lorsqu'ils parlent leur langue.

Une stratégie efficace pour vous aider à lire entre les lignes consiste à attendre un moment avant de vous exprimer. Se précipiter pour répondre peut signifier manquer de temps pour comprendre ce qui a réellement été dit ; et si votre homologue fait de même, son message pourrait facilement se perdre dans des malentendus et une mauvaise communication.

Lorsqu'une personne utilise des expressions telles que « Je ne sais pas » ou « Je ne suis pas sûr », ne vous précipitez pas avec des explications dès qu'elle dit qu'elle ne comprend pas quelque chose. Donnez-lui plutôt de l'espace et évaluez d'autres indicateurs pour gagner. une image plus complète de leur message.

Lire entre les lignes nécessite d'écouter attentivement et de prendre en compte le contexte, la personnalité et la situation lors de la lecture d'une histoire. Souvent, un auteur ne communique pas directement ce que ses personnages tentent d'exprimer, mais fournit plutôt des situations et des indices sur ce qui peut se passer pour eux - le lecteur peut facilement reconnaître cet indicateur fourni par le personnage.

Voici un extrait d'une histoire :

Ses paumes étaient en sueur alors qu'elle regardait l'horloge pour la cinquième fois en une heure, sachant qu'il arriverait vers 8 heures. À mesure que chaque seconde se rapprochait de plus en plus de huit heures, elle pouvait sentir ses genoux faiblir et ses poings se serrer en prévision de son arrivée. .

"Chérie", a demandé son mari de l'autre côté de la pièce. Elle répondit simplement. "Je vais bien, j'ai juste froid", fut tout ce qui fut dit sans établir de contact visuel avec lui. Lorsque sa sonnette retentit, elle s'accroupit plus profondément dans son canapé, la poitrine serrant fermement les genoux, attendant une rencontre gênante entre son mari et son petit ami.

L'auteur a-t-il indiqué que son personnage était troublant, mais l'avez-vous déduit de son langage corporel et du passage ? Pouviez-vous voir quand elle a dit : « Ce sera une nuit longue et froide » qu'il ne s'agissait pas seulement de météo ? Il y a de fortes chances que cela se soit produit naturellement car un auteur attire directement votre attention sur la façon dont un personnage réagit dans chaque paragraphe du texte.

Cependant, en interagissant avec de vraies personnes, il est souvent difficile de déterminer exactement ce qui se passe, même si quelque chose semble anormal. Faites confiance à votre instinct ; même si la source n'est pas claire à première vue. Prenez note mentalement de revenir sur ce qui a été dit - par exemple si l'un de vos frères et sœurs ou amis proches mentionne avec désinvolture qu'il est à la maison à six heures en disant "Sam s'inquiète si je suis en retard".

Même si la conversation peut paraître informelle, quelque chose ne va pas. Peut-être que c'était sa façon de vérifier constamment l'heure ou son ton précipité ; ou il peut s'agir simplement de mots choisis sans tenir compte du contexte ou du ton.

« Je dois rentrer à la maison » ressemble plus à un ultimatum qu'à une expression d'inquiétude, ce qui pourrait indiquer qu'elle entretient une relation malsaine avec son partenaire ; peut-être qu'aucun des deux n'est conscient de la violence émotionnelle qu'ils subissent au nom de l'amour et de l'attention. Être capable de détecter ce que l'autre a essayé de communiquer nous permet de voir au-delà de ce qui a été directement communiqué.

Concentrez-vous sur ce qui n'a pas été dit (les silences et les pauses) pour mieux comprendre. Le silence peut en dire long ; par exemple si votre enfant devient soudainement silencieux lorsqu'on lui pose des questions sur sa journée à l'école ; de même, si les mots qu'ils ont décidé de ne pas prononcer peuvent indiquer des problèmes auxquels il convient de prêter attention lors d'autres aspects de la communication. Vous pouvez appliquer cette même stratégie lorsque vous interagissez avec toute personne avec laquelle vous souhaitez obtenir une vision plus approfondie.

De quelles questions ou sujets ils évitent de discuter ; quand ils s'arrêtent trop longtemps entre deux paroles ; leur ton change-t-il lorsqu'ils discutent de certaines personnes ou d'événements ? ces observations vous aident à mieux les comprendre en tant qu'individus ainsi qu'à comprendre les mots parlés avec une plus grande profondeur.

Tout comme lorsque l'on parle de l'école aux enfants, lorsque l'on communique avec des personnes qui ne partagent pas facilement des informations ou qui préfèrent utiliser un vocabulaire obscur. Vos questions et réponses doivent être structurées avec soin pour un impact et une efficacité maximaux.

Assurez-vous de faire tout cela dans son contexte ; restez toujours attentif à la situation, au cadre et aux circonstances lorsque vous observez quelqu'un. Méfiez-vous si quelqu'un semble distant en raison d'une distraction de l'environnement. Ou encore, ils peuvent rester silencieux lors de conversations sur certains événements - non pas parce qu'ils veulent cacher quoi que ce soit, mais plutôt par désintérêt ou par distraction par rapport à ce qui était discuté.

Tout comme comprendre quelqu'un d'autre demande du temps, de la cohérence et de la compréhension, il en va de même pour comprendre ce que quelqu'un dit entre les lignes. Disséquer chaque mot et chaque silence à chaque instant ne ferait que rendre les choses encore plus confuses ; il vous suffit d'être présent et attentif lorsque vous écoutez et de revoir mentalement tout ce que vous entendez avant de tirer des conclusions sur ses interprétations possibles.

Le public de TedTalk ne se contente pas d'être témoin des idées brillantes présentées à TedTalk. Les facteurs de motivation et d'influence qui réussissent ne sont pas nécessairement ceux qui ont de bonnes idées ; ce sont ceux qui comprennent comment les présenter efficacement – grâce à la pratique du ton et de la hauteur, à la structure catégorielle des discours ou même à l'utilisation de la couverture médiatique pour un effet maximal. Parler en public implique de maîtriser la façon dont on dit les choses au lieu de considérer uniquement ce qui doit être dit. Les orateurs publics apprennent l'art de la persuasion pour convaincre leur public.

Les orateurs publics utilisent souvent des modèles de discours pour structurer leur contenu afin d'obtenir un effet maximal. Le choix de ces modèles dépend des sujets, du public et de l'objectif principal de leur discours - en d'autres termes, les conversations doivent servir leur véritable objectif si tel est leur objectif ! Lorsque vous parlez avec quelqu'un de nouveau, assurez-vous que votre objectif est clair afin de pouvoir rester concentré lorsque vous surveillez ses réponses - les personnes qui lisent ne doivent pas impliquer de recueillir des détails non pertinents sur les autres.

Accélérer

Une étude menée par l'Institut de recherche sociale de l'Université du Michigan a examiné 1 400 tentatives d'appelants tentant de persuader les gens de participer à une enquête, en utilisant un appel téléphonique par appelant et par tentative de persuasion. [24] Les résultats ont indiqué que ceux qui parlaient trop vite sans faire de pause n'avaient pas réussi à convaincre les autres ; les chercheurs ont examiné la fluidité, le débit de parole et le ton des appelants lorsqu'ils tentaient de convaincre les autres ; Les personnes qui réussissaient à persuader comprenaient des personnes parlant à environ 3,5 mots par seconde – une vitesse modérément rapide pour persuader les autres ; [26]

Prenez les bonnes pauses

Pour une influence maximale lorsque vous essayez d'influencer quelqu'un, quatre ou cinq pauses par minute sont idéales lorsque vous essayez d'influencer quelqu'un. Ces pauses permettent à l'autre personne de réfléchir à votre message avant de répondre et de montrer votre respect pour ses pensées et ses croyances sans craindre de laisser son opinion sur vos découvertes se développer au fil du temps, augmentant ainsi la confiance entre vous et elle.

La prosodie (l'accentuation, l'intonation du discours et le rythme) fait partie intégrante d'une prononciation efficace de la parole, mais trop de prosodie peut se retourner contre vous, voire gravement. Ce que nous disons peut être perçu différemment selon la manière dont il est prononcé. En utilisant donc le ton et le rythme de manière appropriée, assurez-vous que ce que vous dites soit transmis exactement comme prévu ; trop de choses peuvent laisser un public méfiant entre ses mains ; essayez de ne pas paraître animé lorsque vous rédigez des phrases.

Utilisez des modèles de parole pour réussir

Il existe différents modèles de discours que l'on peut utiliser en fonction de leurs objectifs lorsqu'ils s'expriment en public, avec différents choix ayant un impact sur le succès de la transmission de leur message. Vous trouverez ci-dessous quelques modèles de discours populaires lors de la création de discours.

Approche thématique ou logique : lorsque vous transmettez plusieurs idées liées, organiser les informations de manière logique afin qu'elles circulent d'un sujet à l'autre sans donner l'impression que vous sautez entre les sujets sans fournir d'arguments convaincants est souvent la meilleure approche.

Chronologique : l'organisation chronologique des informations fonctionne mieux lorsque les données doivent suivre une progression ordonnée, comme raconter une histoire. Si vous souhaitez parler du résultat d'un projet, par exemple, structurer les événements par ordre chronologique pour plus de clarté vous apportera un plus grand bénéfice.

Cause et effet : comme son nom l'indique, ces informations seraient présentées en utilisant des relations de cause à effet. Par exemple, lorsque l'on discute de problèmes au travail, commencer par expliquer sa cause, puis décrire son impact sur la productivité pourrait servir d'effet.

Problème et solution : Semblables à la cause et à l'effet, le problème et la solution sont utilisés comme moyen efficace de persuader les autres de prendre les mesures nécessaires pour résoudre des problèmes spécifiques. Il s'agit d'une méthode efficace pour convaincre les auditeurs de la meilleure façon d'aborder la résolution d'un défi ou d'un obstacle donné.

Les modèles de parole peuvent aider à communiquer clairement des idées et des pensées. Les gens aiment entendre des schémas familiers qu'ils reconnaissent et ont tendance à accepter plus facilement ; des informations désorientées entraînent souvent une méfiance entre les parties impliquées, donc investir du temps dans la manière dont vous transmettez votre message augmentera à la fois la crédibilité et l'influence sur les gens.

Utiliser un modèle de discours efficace est essentiel pour fournir des informations d'une manière facilement digestible et accroître votre influence sur quelqu'un. Votre cible vous considérera comme une personne faisant autorité et logique avec laquelle elle pourra avoir davantage confiance et s'ouvrir plus librement sur ses idées et ses sentiments.

Nous établissons souvent des liens solides avec quelqu'un uniquement en fonction de ce qu'il nous fait ressentir. "Je ne sais pas pourquoi je t'ai dit tout ça ; d'habitude je suis moins ouvert.

Qu'est-ce que "l'ambiance" exactement et comment peut-elle m'aider à me connecter à quelqu'un ? En termes simples, l'ambiance est tout simplement une bonne énergie qui peut avoir une influence positive. Pas besoin de donner des affirmations ou de hocher la tête de manière incontrôlable ; tout ce qu'il faut pour se connecter, c'est de la bonne ambiance partout où vous allez !

Demandez simplement à n'importe quel conférencier motivateur ou gourou du développement personnel et ils vous recommanderont de vous entourer d'affirmations positives sur vos objectifs. Même si cela peut paraître redondant au premier abord, l'énergie positive s'infiltre rapidement et nous affecte tous d'une manière ou d'une autre !

C'est exactement l'effet que l'énergie ou l'ambiance positive a sur les autres. Savoir que quelqu'un accepte ses idées sans critique lui permet de s'ouvrir à vous sans poser de questions, vous donnant accès à son esprit sans que des questions ne soient soulevées ! Tout cela est rendu possible lorsque les gens autour d'eux apportent avec eux une énergie positive – la bonne énergie ne peut pas être simulée, elle peut seulement être détectée. Les attitudes positives se répandent rapidement : tout le monde aime parler à des gens qui voient toujours le bon côté des choses ! Et avec ces conseils et stratégies pour créer cette ambiance positive autour de vous :

Continuez à regarder du bon côté
Comme on dit, vos réactions à ce qui vous arrive déterminent leur issue. Au lieu de vous plaindre du fait que quelqu'un vous ennuie, profitez de cette opportunité pour explorer les façons dont il peut penser différemment de vous et créer des interactions significatives. Se concentrer négativement ne ferait que faire ressortir plus de négativité de votre part que les autres reconnaîtraient immédiatement.

Si vous ne le ressentez pas, ne faites pas semblant
Dire que vous aimez les chiens peut paraître creux ; être suffisamment ouvert d'esprit pour accepter des points de vue différents sans imposer un accord aux autres ; Lorsque les gens réalisent que vous acceptez leur droit à un point de vue opposé plutôt que de prétendre que vous aimez ou êtes d'accord, votre réponse paraîtra beaucoup plus positive et accueillante face à ces différences.

Pratiquez la gratitude
Vous vous demandez comment la gratitude peut améliorer les relations ? En commençant et en terminant chaque journée en étant reconnaissants pour tout ce que la vie nous offre et en honorant ceux que vous rencontrez quotidiennement, comme les

chefs d'équipe ou les frères et sœurs, en n'oubliant pas de leur exprimer votre appréciation à chaque fois que vous interagissez. Votre pratique quotidienne d'être reconnaissant pourrait même apporter une énergie positive lorsque vous engagez des interactions avec eux !

Découvrez la négativité
Malheureusement, nous pouvons tous parfois éprouver une accumulation de pensées négatives sans nous en rendre compte. C'est particulièrement le cas lorsque nous associons certaines personnes à des souvenirs négatifs ; par exemple, si quelqu'un a fait un commentaire offensant la dernière fois que vous avez interagi avec lui, cela peut évoquer des souvenirs désagréables qui persistent longtemps après la fin de l'interaction. Essayez de remplacer les souvenirs négatifs par des souvenirs plus optimistes afin de créer un environnement optimiste.

La méditation nous offre à tous une chance inestimable de nous détendre et de nous sentir ancrés. La méditation vous offre un merveilleux moyen de libérer toute énergie négative autour de vous et d'évaluer le type d'impact de vos actions sur ceux qui se trouvent dans votre sphère d'influence. De plus, la pratique de pratiques méditatives comme la pleine conscience ou la spiritualité pourrait approfondir les liens avec soi-même et favoriser une paix plus profonde.

La nature a des pouvoirs de guérison
Être dehors a d'énormes propriétés curatives ! Entouré par les vagues de l'océan, les vues au sommet des montagnes ou les bruits des berges des rivières peuvent faire des merveilles pour nous aider à nous détendre et à guérir de l'intérieur. Passer du temps dehors s'est avéré efficace pour rendre les gens moins amers et plus positifs : prendre une pause bien méritée tout en réfléchissant et en se détendant avec nous-mêmes et les uns avec les autres est essentiel pour garantir que nous restons des gens heureux !
L'énergie positive dans vos communications peut avoir un effet d'entraînement sur les autres et les encourager à s'ouvrir plus librement et à être honnêtes dans leurs communications avec vous. La peur des jugements, des déceptions ou de la colère peut amener les gens à se fermer ou à mentir pour éviter de paraître hostiles ; offrir une atmosphère confortable et une bonne énergie aide les gens à se détendre afin qu'ils puissent réévaluer la façon dont ils vous perçoivent ainsi que la part d'eux-mêmes qu'ils révèlent à travers la conversation.

Comment peut-on lire dans les pensées de quelqu'un lorsqu'on communique via des e-mails ou des conversations téléphoniques soigneusement construits ? Ou détecter quand quelqu'un ment en parlant au téléphone ? De même, comment pouvez-vous interpréter une communication entre les lignes telle que WhatsApp qui repose fortement sur des « emojis » sélectionnés ?

La communication numérique nous offre de nombreux avantages ; nous pouvons toucher des personnes partout dans le monde sans quitter notre canapé, alors que dans le même temps, ses limites peuvent limiter l'efficacité de nos connexions. Cependant, avec les progrès du développement post-Covid, nous avons appris à nous connecter plus efficacement. Les étudiants se sont révélés plus attentifs dans les cours en ligne que dans ceux en classe, car ils ne pouvaient pas suivre le regard de leur professeur - sans savoir qui il regardait sur leur écran d'ordinateur ! Cependant, la technologie a encore du chemin à parcourir avant de pouvoir égaler la chaleur humaine et l'intimité du contact humain individuel.

Découvrir quelqu'un peut être difficile lorsque vous n'avez pas toute son attention ; dormir, manger ou dans une foule. Dans la plupart des cas, vous ne saurez même pas si leur haut-parleur est allumé pendant les appels vidéo ou s'ils lisent des textes complets avant de répondre, ce qui rend difficile la compréhension des personnes sur ces plateformes numériques ; cependant, il existe des techniques que vous pouvez utiliser pour interpréter avec précision ce que quelqu'un essaie de communiquer.

Écoutez, je l'ai peut-être déjà mentionné à plusieurs reprises, mais lancer des critiques et des conflits dans le cyberespace peut être plus facile que de communiquer directement avec quelqu'un. Même si vos désaccords ne semblent pas aussi graves lorsqu'ils sont exprimés par SMS, ils limitent néanmoins notre capacité à nous écouter, à nous lire ou à nous comprendre.

Soyez attentif aux indicateurs
Peu importe où se trouve une personne, son ton, son choix de mots et son environnement peuvent tous devenir des indicateurs du fonctionnement de son esprit. Par exemple, combien de temps faut-il à quelqu'un pour répondre aux e-mails ? Ou répondre rapidement par SMS ? Ou leur voix a-t-elle un sentiment d'urgence ? Y prêter un peu d'attention peut nous fournir des informations inestimables à leur sujet !

Maintenir une approche calibrée
Les gens peuvent être difficiles à lire face à face et encore plus à l'écran, ce qui rend encore plus difficile une mauvaise lecture de leur ton, de leur choix de mots ou de leurs pauses. Nous pouvons mal interpréter leur texte lorsque nous disposons d'indicateurs limités. La communication face à face nous permet d'établir une représentation précise

d'un individu basée sur de nombreux aspects, tels que ses expressions faciales, son langage corporel et son « ambiance » globale. Lorsque vous communiquez par téléphone ou par SMS avec d'autres personnes, assurez-vous de ne pas tirer de conclusions définitives avec des données limitées. Faites attention à ce qui est dit et posez des questions si nécessaire pour plus de clarté. Si des hypothèses surviennent au cours d'une conversation, demandez-vous s'il existe suffisamment de données disponibles pour faire des observations précises.

Comment puis-je repérer un menteur par téléphone ou par SMS

La détection des mensonges nécessite de grandes compétences d'observation ; mais comme de nombreux indicateurs habituels sont absents dans une conversation SMS ou par courrier électronique, les détecteurs de mensonge fournissent suffisamment de données pour permettre une détection précise sur ces plateformes numériques. Voici quelques indicateurs d'une personne qui vous ment par écrit :

Quelqu'un qui ment peut sembler désorganisé et difficile à cerner avec un seul scénario, changeant constamment de sujet dans le but d'obscurcir ou de déguiser la vérité. Ils pourraient essayer de compliquer les choses à l'excès ou d'inventer de fausses déclarations qui ne tiennent pas la route ; Une façon de détecter ces messages via la messagerie texte pourrait consister à rechercher de longs paragraphes de texte qui n'apportent pas de clarté sur un sujet dans son contexte ; si c'était la vérité, vous n'auriez pas besoin de relire pour comprendre ce qui s'est réellement passé.

Ils insistent trop sur les informations inutiles ou évitent de répondre à des demandes spécifiques

Si quelqu'un vous pose une question qui nécessite une réponse directe, vous pouvez toujours éviter de répondre en refusant. Supposons par exemple que vous ayez demandé à votre partenaire où il se trouvait mais que vous n'ayez reçu aucune réponse ; quatre heures plus tard, ils vous envoient un message pour vous expliquer que leur batterie est morte mais vous disent quand même où ils se trouvent à ce moment-là - cela constitue un mensonge par omission car ils disent la vérité à ce moment-là mais choisissent de ne pas répondre lorsque la demande a été faite pour la première fois ; De plus, ils peuvent essayer de fournir des réponses trop compliquées pour éviter de répondre directement et faire dérailler complètement la conversation.

Personne ne répond

Il est révolu le temps où envoyer un message revenait à jeter des pierres dans un océan sans savoir quand ni si il parviendrait à son destinataire ; nous savons désormais exactement quand notre message est arrivé, quand il a été consulté et s'il est "en ligne" ou non. La plupart des applications de messagerie affichent des points de suspension (...)

lorsque quelqu'un tape sa réponse, nous savons donc qu'il faut s'y attendre d'une seconde à l'autre !

Trop d'informations Les gens ont tendance à proposer des explications. Vous avez mangé le sandwich de votre collègue au travail ? Il y a de fortes chances que vous proposiez une explication, pouvant durer jusqu'à quinze minutes, sur les raisons pour lesquelles cela s'est produit. De même, lorsque nous mentons, nous avons tendance à exagérer dans nos réponses afin de cacher ce que nous voulons que les gens croient ; certaines personnes créent régulièrement de longs textes, mais si les réponses deviennent inhabituellement longues, cela pourrait être la preuve qu'elles fournissent des explications sur une information qu'elles ont décidé de ne pas révéler.

Imaginez-vous être impliqué dans une dispute textuelle dans laquelle les deux parties exposent leurs points de vue respectifs, construisant de longues réponses jusqu'à ce que vous posiez une question et que la conversation passe brusquement d'une réponse à un autre sujet. Dans un tel cas, leur tentative d'être occupé pourrait indiquer leur intention de couper court à ce fil de conversation et de passer à autre chose.
"Es-tu allé chez elle après que je t'ai demandé de ne pas le faire ?"
Elle parut déconcertée. C'est incroyable le peu de confiance qu'il y a entre nous ! Malheureusement, je n'ai pas le temps pour ça maintenant car il y a de la lessive à faire ; je te parlerai plus tard au revoir."

Ici vous avez tout : tous les outils nécessaires pour comprendre les gens. Avec votre guide sur les personnes en main, il vous permettra d'acquérir une connaissance approfondie des raisons pour lesquelles les gens parlent comme ils le font, se comportent de certaines manières et disent ce qu'ils disent - depuis les caractéristiques de personnalité et de style de communication jusqu'aux influenceurs qui les façonnent ; toutes ces connaissances sont à votre portée, mais comprendre quelqu'un peut quand même demander du temps, des efforts et un peu de conjectures !

L'esprit est une structure complexe et pour le déchiffrer, il faut continuer à comprendre sa complexité. Même après avoir connu quelqu'un pendant des années, des conflits ou des désaccords mineurs peuvent rendre plus difficile l'écoute objective de ce qu'il dit.

J'insiste donc souvent sur l'importance de la pratique et de l'observation lorsqu'il s'agit de comprendre les gens. Vous devez exercer un contrôle sur vos propres pensées tout en faisant preuve d'une grande adaptabilité lors de la lecture des croyances et des styles de communication des autres afin d'interpréter correctement leurs propos. Voici un aperçu et un rappel de tout ce que vous devez apporter chaque fois que vous avez l'intention de comprendre quelqu'un et de démêler les complexités de son langage tacite.

Soyez mentalement prêt à lire les gens
Chaque fois que vous engagez une conversation avec un autre, faites un inventaire de vous-même. Posez-vous quelques questions clés telles que : * Ai-je déjà une opinion à leur sujet ? ou >> Y a-t-il des préjugés et des préjugés dont je dois me méfier ?

* Suis-je mentalement et émotionnellement capable d'essayer de comprendre quelqu'un ? * Quels aspects faut-il garder à l'esprit lorsqu'on essaie de lire quelqu'un ?

*Quels facteurs externes pourraient influencer mon jugement ? En vous renseignant de cette manière, vous pourrez approcher les autres sans préjugés ni jugement. Afin d'observer les gens de près, soyez attentif - libérez votre esprit des autres tâches et pensées afin de vous concentrer sur l'observation de celles qui vous intéressent sans les prendre pour acquis - surveillez attentivement leur langage corporel, leurs expressions faciales et leurs mots tout en écoutant attentivement et sans parti pris.

Passez du temps à étudier les gens La maîtrise de tout art demande du temps et du dévouement. Lire les gens nécessite une étude continue afin de procéder à des évaluations précises sur des personnes issues de divers horizons. Pour ce faire correctement, il faut observer de nombreux individus de personnalités diverses à travers la société afin de former des jugements précis à leur sujet. La lecture populaire doit être abordée de manière holistique. Même s'il serait bien de comprendre ce que pense votre patron ou quel message votre partenaire essaie d'envoyer à travers la pièce, pour le faire correctement, il faut comprendre les schémas, les comportements et les motivations de toutes les personnes avec lesquelles vous entrez en contact. Pour cette tâche, il est nécessaire de pouvoir reconnaître ces schémas en observant plusieurs individus. Tenez compte de cette compétence lorsque vous traitez avec des navetteurs publics ou lorsque vous discutez avec des vendeurs de grands magasins, ou même avec des coiffeurs.

La pratique rend parfait, car plus vous identifiez et repérez souvent des personnes de différents types de personnalité et styles de conversation pour transmettre leurs messages efficacement. De plus, la pratique vous permettra d'abandonner les préjugés et les préjugés et d'observer les gens sans porter de jugement hâtif sur leur caractère ou leur situation de vie. Les compétences en lecture humaine sont un atout indispensable à la croissance personnelle et professionnelle, vous aidant à mieux comprendre les gens et leurs motivations. Reconnaître que le volume sonore d'une personne n'est peut-être pas causé par un discours agressif, mais par le fait de vivre avec un grand-parent âgé souffrant de perte auditive peut vous donner une nouvelle perspective. En écoutant attentivement les gens parler, en posant des questions pertinentes à leur sujet et en montrant de l'intérêt pour leurs histoires, cela vous aidera à nouer des relations significatives tant sur le plan professionnel que personnel. Passer du temps à faire connaissance avec les gens sera payant, tant au travail qu'en dehors !

La patience et l'attention sont toujours nécessaires
Apprendre à tricoter peut être intimidant. La pratique rend parfait, tout comme d'innombrables tentatives de tricotage de couvertures jusqu'à ce que chaque nœud soit parfait - mais une fois que la tâche réelle de tisser chaque nœud devient claire, vous devenez parfaitement conscient de toute la patience, l'attention et le dévouement requis pour réaliser un échantillon de tissu après l'autre. Dans le même ordre d'idées, prêter une attention particulière peut sembler facile en théorie, mais parfois difficile lorsque vous êtes confronté à la communication avec des personnes avec lesquelles vous êtes fortement en désaccord ou lorsque vous observez le langage corporel de quelqu'un que vous trouvez inintéressant - les deux tâches nécessitent de la pratique si elles veulent obtenir des résultats appropriés !

La patience et l'attention peuvent vous aider à surmonter ce défi et à acquérir de l'expérience en connaissant et en comprenant les gens sous différents points de vue. Ce n'est que lorsque vous écouterez patiemment et attentivement quelqu'un avec qui vous n'êtes pas d'accord que vous apprendrez à observer et à lire les gens au-delà de vos limites personnelles.

Soyez authentique et vulnérable. Prenez des notes mentales lorsque vous voyez quelqu'un devenir distant au milieu d'une conversation. Les gens peuvent détecter rapidement l'hostilité et les jugements ; ils savent quand quelqu'un essaie de marcher sur des œufs autour d'eux. Ne vous attendez pas à ce que quelqu'un s'ouvre à vous en s'asseyant derrière un trench-coat avec une loupe tout en essayant d'être formel ou froid envers lui ; pour que quelqu'un s'ouvre à vous, il doit se sentir suffisamment en sécurité pour s'ouvrir librement et en toute sécurité à vous.

Soyez ouvert d'esprit lorsque vous portez vos jugements
Celui-ci a été abordé assez souvent, car le fait de porter des jugements et des évaluations rapides sur les personnes sur la base de préjugés et de préjugés est le principal facteur qui contribue à leur fermeture ou à des évaluations inappropriées basées sur elles. Entraînez-vous à retarder votre jugement ou vos conclusions lorsque vous observez quelqu'un. Méfiez-vous si vos premières pensées incluent l'idée que quelqu'un qui danse dans la rue essaie d'attirer l'attention – arrêtez-vous immédiatement ! Par exemple, s'ils semblent assez heureux de danser et que vous pensez « qu'ils aiment attirer l'attention », arrêtez-vous immédiatement avant de conclure sur ce qui pourrait se passer - ou pensez qu'ils aiment simplement se faire remarquer et faire des hypothèses basées sur des hypothèses.

À ce stade, il devrait être évident qu'apprendre à lire les gens est un voyage de découverte de soi et d'évaluation ; vous vous en rendez compte en réalisant qu'il s'agit également d'en découvrir davantage sur VOUS autant que sur l'autre personne. Faire cela nous aide à reconnaître nos limites afin que nous puissions créer des liens plus profonds et plus significatifs les uns avec les autres, nous donnant finalement un aperçu de leurs motivations, de leurs aspirations et, surtout, de leurs pensées.

Comprenez pourquoi est le début de chaque voyage. Qu'il s'agisse d'une école de commerce, d'une faculté de médecine ou d'une faculté de droit, tout commence par répondre à cette seule question : pourquoi les choses se produisent-elles ainsi ? Une fois cette question résolue, tout le reste se met en place de manière organique. La lecture populaire consiste à répondre à cette question de communication, et une fois répondue, elle peut ouvrir toutes sortes de possibilités et éliminer les barrières des préjugés et des problèmes de communication. Comprendre quelqu'un conduit à des relations plus solides. Une communication compétente vous sera utile tout au long des interactions de la vie. Qu'il s'agisse de diriger un membre de l'équipe ou de convaincre les parents de vos aspirations, ou de comprendre les motivations et les pistes de réflexion d'autrui, connaître les motivations de votre cible vous donne un levier pour être entendu et respecté. Quel avantage vous avez trouvé ! Chaque page de ce livre a été comme ouvrir une boîte pleine de mystères liés au comportement humain - seul ce livre n'en donne que des aperçus ! Les humains n'ont pas tendance à se classer clairement dans les catégories noires ou blanches – ils existent dans toutes sortes de nuances ! Il y a de fortes chances qu'au fil des jours, vous en découvriez de plus en plus sur ceux qui vivent avec vous. Leurs réactions peuvent différer en fonction des expériences de vie, des émotions et des influences environnementales. Pour les comprendre, il est préférable de rester conscient de ces changements et de s'adapter en conséquence.

Il est donc maintenant plus facile que jamais de reconnaître ces changements, de la mauvaise humeur aux personnes négatives, en passant par les mensonges et la difficulté à communiquer ses émotions. Utilisez-le judicieusement et de manière responsable : le monde a besoin de vous ! Utilisez ces théories au travail et avec celles que vous appréciez, car les arbres ont toujours besoin de la chaleur du soleil et des nutriments dans un bon sol pour survivre. Comprendre est nécessaire pour être compris, et nous devons rester à l'écoute de la façon dont les gens pensent afin de pouvoir à la fois protéger leurs intérêts tout en comprenant les nôtres. Puissiez-vous toujours utiliser la lecture à bon escient comme moyen d'approfondir et d'entretenir des relations significatives.

LA FIN